梓山湖筆記

鹏喜 著

長江出版傳媒
崇文書局

图书在版编目（CIP）数据

梓山湖笔记 / 鹏喜著. -- 武汉 : 崇文书局，2021.8
ISBN 978-7-5403-6401-4

Ⅰ. ①梓… Ⅱ. ①鹏… Ⅲ. ①散文集－中国－当代 Ⅳ. ① I267

中国版本图书馆 CIP 数据核字（2021）第 157114 号

封面题字：兰干武
内文题字：朱建林
封面设计：殷 雄
责任编辑：曹 程
责任校对：董 颖
责任印制：李佳超

梓山湖笔记
Zishan Hu Biji

出版发行 长江出版传媒 | 崇 文 书 局
地 址 武汉市雄楚大街 268 号 C 座 11 层
电 话 (027)87293001 邮政编码 430070
印 刷 武汉市卓源印务有限公司
开 本 710mm×1000mm 1/16
印 张 19
字 数 180 千字
版 次 2021 年 8 月第 1 版
印 次 2021 年 8 月第 1 次印刷
定 价 39.80 元

（如发现印装质量问题，影响阅读，请与承印厂调换）

目录

CONTENTS

·湖外走笔·

目录

前言

◎邓万民　范文琼

作家的写作是高度个体化的劳动，但客观上也有很强的示范作用。本书作者原来的职业身份是文学编辑、专业作家，2016年应聘来我校任教后，他就有了一个新的职业身份：武昌理工学院汉语言文学系教授，而且他讲授的主要课程是文学写作基础和创作指导。这样他的写作态度和创作方法自然会影响师生，尤其对他所带的学生起到言传身教的作用。为此，出于人才培养的目的，学校鼓励和支持作者出版他的新著《梓山湖笔记》，并积极向校内外读者推荐。

当然，作者作为一个卓有成就的老作家，有他个人独特的对文学的理解和探索，他以生活经验、生命体验、灵感和悟性在思考中写作，有他自己的艺术追求，这属于学术范畴。对其审美情趣、思辨观念、语言风格，我们不具体品头论足，留待读者和行家去鉴赏、解读。这也是大学一贯秉持的学术态度和学问风范。本校汉语言文学专业开设的基础理论课程如现代汉语、古代汉语、现代文学、古代文学等，也正是为了让师生研究探讨中国语言文学的理论和实践问题。从这个角度说，作者此书为我校的特色专业提供了辅导阅读教材。

事实上，作者此书中的许多篇目是与我校汉语言文学专业写作班学生同时创作、发表在报刊上的作品。如《姹紫嫣红鸳鸯河》是与学生就同一主题创作，如《接龙》是直接取材于我校校园……这些鲜活的、十分贴近校园和社会的文学作品，启发和鼓舞了学生的创作热情，难怪几年来作者授课班级的学生屡有作品发表，文采斐然。

武昌理工学院宣传部祝贺本校教师新著出版！

汉语言文学专业教学科研团队推介团队成员的这本文学专著！

2021年春

序

◎谢力军

鹏喜先生为著名作家，早年以一部长篇小说《河祭》一鸣惊人，后相继推出数部长篇小说和几部散文集、长篇报告文学等多种作品，著述颇丰。此次即将印行的散文集，集内大多数文章为其近年新作，给喜爱其人其作的读者带来了新惊喜。

散文集中的第一辑《梓山湖笔记》，计一十八篇，记述了作者梓山湖居所的兴建、入住过程和入住后的生活；第二辑《湖外走笔》为杂文、小品、游记类；第三辑《彼岸江湖》是回忆文字和虚构文本。全集题材宽泛，涉及生活、劳作、社交、游历中的所见所闻、所感所思。体裁多样，随笔、杂感、游记、序跋、寓言以及田野调查、采风记录等在所多有，十分耐读。

《梓山湖笔记》系列作为散文集的主打篇什，构成了文集风貌的基本底色。所记为饮食起居等生活细节及耕读生涯片段，从庭院营构布局、掘井挖池，到垒灶支锅、栽树种菜，再到舔犊含饴、饮酒品茗……笔触所至，如清风徐来，景致别有洞天，走笔别开生面，迥然有别于当下散文流行色，读来每有耳目一新之感。

在《梓山湖笔记·之一》里，作者给自己画了一幅素描“今解甲归田……每日劳作之余，于茵茵青草席地小憩，或躺或卧，发呆、冥想到黄昏。任思绪如乌云翻滚，乱麻缠绕，临睡前信笔涂鸦，早起时东鳞西爪。如此胡乱翻书，率性命题，持之以恒记录点滴，敷衍字句，状无题于有名。”

这或许是作者心仪的生命状态：随遇而安、率性而为；有感而发、由性而写。醉心着墨处，无非眼前景、身边人、胸内事、书中语，凡人俗事，人间烟火。

这让我想到明清笔记，想到张岱的《陶庵梦忆》。八卷百余篇皆为山川景物、风土人情、茶食方物等琐细之事。其《自序》有言：“因想余生平，繁华靡丽，过眼皆空，五十年来，总成一梦。今当黍熟黄粱，车旋蚁穴，当作如何消受？遥思往事，忆即书之……不次岁月，异年谱也；不分门类，别《志林》也。偶拈一则，如游旧径，如见故人。”

一个是“信笔涂鸦”，一个是“忆即书之”，皆为听从心灵召唤的“归去来辞”，“田园将芜胡不归”？是时候远离嚣尘，皈依自然了。我分明感受到古今两文人穿越时空的文思共振。

志趣旨归既然不约而同，笔下兴味自是相映成趣——于是我们看到，张岱有《悬钞亭》《日月湖》《越俗扫墓》，作者则有《鲍照台怀古》《梓山湖笔记》《怀念黑暗》……

作者津津有味地讲述“武汉夏天的当家菜酸豆角”的做法：“烧一壶沸水将青豆角浇透，只浸泡半日便捞出，青色尚在。切小段后佐以蒜瓣、红青椒爆炒，青红白三色相间，略酸微甜偏咸，兼具青菜和咸菜品质。此乃酷暑溽热季节首选菜肴，食绿豆稀饭、馒头时佐餐最妙（《梓山湖笔记·之八》）。”

张岱对美食的兴趣同样浓厚：“鹿苑寺前后有夏方柿十数株。六月歊暑，柿大如瓜，生脆如咀冰嚼雪，目为之明，但无法制之，则涩勒不可入口。土人以桑叶煎汤，候冷，加盐少许，入瓮内，浸柿没其颈，隔二宿取食，鲜磊异常（《陶庵梦忆·卷七·鹿苑寺方柿》）。”

这样的趣向正是明清笔记的特色——个人视角、生活亲历、身边事物、市井民生、身边诸事与眼前万物都是书写对象，不考虑是否发表、是否获奖，不在乎点击率高低、圈粉量多寡，我写我心，悠然自得。我们在钱泳的《履园丛话》，沈复的《浮生六记》中都能看到如此笔墨。到了民国，无论是林语堂“热心冷眼看人间”的文章，还是梁实秋的《雅舍》，以及周作人那些“草木鱼虫”小品，甚至包括郑振铎的《宴之趣》、丰子恺的《沙坪的美酒》等作品，无不体现出这类文人“俗趣”。作者也提到过梭罗的名作《瓦尔登湖》，其中即有《种豆》等田园篇章，看来古今中外文人都脱不了“俗”。

这样的俗趣浸淫既久，可以上瘾忘形。当“朦胧夜色遮蔽了形骸，倚一块石头席地而坐，置一壶酒于石面，偶尔对着壶嘴啜一口，任思绪信马由缰。微醺时轻吟陶渊明的《饮酒》：‘结庐在人境，而无车马喧。问君何能尔？心远地自偏……’（《梓山湖笔记·之三》）。”

陶渊明当引作者为知音了。1600多年前，这位“不为五斗米折腰”的“五柳先生”就“引壶觞以自酌，眄庭柯以怡颜。倚南窗以寄傲，审容膝之易安（《归去来辞》）”。

两位喝的是酒，还是情态，抑或境界呢？

这样的“俗趣”，读来不觉其俗，反有超然出尘的雅韵，盖因其承载了丰富而深厚的文化信息。如对身边事物的独到见解、对具体物象的生动描述、对风土人情的如实记录，对世象人性的精妙观察等。这是作家审视客观世界的艺术眼光，也是感时伤逝、抒发襟抱的人生咏叹，文人的审美与众不同。

按照刘勰的理论，“缀文者情动而辞发（《文心雕龙·知音》）”，内容决定形式，个性决定风格，感物动情，最终体现在文字上。这部散文集语言文字特点鲜明，恰如古典窈窕美人着一袭合体的旗袍，曲线玲珑，凹凸有致，内容与形式二者相得益彰——

笔墨洗练、句式简约。如“梓山湖有半岛，天高云低，空气清新；湖岸曲折，湖波拍岸；丘陵起伏，草木葳蕤。信步湖畔，放眼田野阡陌，风拂荷露，鸟掠芦花，天籁之音，野趣盎然。余向往之，憧憬之。”又如：“兀自在自家小院支灶架锅，汲井水，煮戾气，烹日月，饮晨昏。心无旁骛，添柴火读闲书，陶然于灶台（《梓山湖笔记·之一》）。”

基本上每句（分句）不超过10字，三字词、四字词较多，这是中国古典文学陶冶出来的底子。绝少文坛习见的动辄几十字，复句套复句的欧化长句，且不同句式参差，富有节奏感，看上去轻松，读起来愉悦。

用词古雅，笔法圆熟。叙事语言采用的是比较典雅的文人用语，词汇含义丰富，容量大。十分经济，讲究“性价比”的高明写法，尽管文白相间，但无缝连接、转换自如，并无违和感，文气一以贯之，风格统一，显示了作者对文字、文体的驾驭能力。

行文生动，意象优美。如“葫芦秧长到尺许便像顽皮小子急于攀爬，爬上墙头还不罢休，竟将余移栽的一棵歪脖子柳树绕缠覆盖。一场暴雨过后，冷不丁冒出独一个小葫芦，像个白炽灯泡，一天天膨胀至足球大。余不忍心采摘，不料密密匝匝的藤蔓中悄悄冒出一串葫芦娃，荡秋千似的随风起舞（《梓山湖笔记·之八》）。”

拟人化的描写形象生动，童心烂漫。

又如：“胡萝卜缨子许是青菜谱系形状最美的菜叶，乍看似芹菜，细辨绿樱如花絮，茎叶颀长纤细菲薄，似凤尾雉羽，又似桂华兰叶。尤其品质芬芳醇厚，散发馨香之气……将切成细段的新鲜胡萝卜缨子均匀拌撒于糯软而不粘团的松散米粒，以竹篾蒸笼架敞锅上蒸。当米香融汇樱香随着蒸汽袅袅升腾，便揭盖子。于是蒸笼里云蒸霞蔚，珍珠般雪白的米饭中闪耀着翡翠般碧绿的樱屑。就像白沙滩上的云母片在阳光下熠熠闪烁（《梓山湖笔记之十》）。”

拟声绘色、铺锦叠翠，原来不起眼的“胡萝卜缨子”可以写得这样美。

情感丰沛，韵致翩然。《澳洲二题》一文，作者描述在悉尼歌剧院的现场观感：“慷慨激昂而缠绵悱恻的咏叹调陶醉了室内观众，排山倒海的掌声感染了更多室外游客。这一幕幕都记录在海面和蓝天白云上。而横亘在海天中间的海港大桥，其流畅的线条仿佛拉出了纤细的五线谱。从早至晚络绎不绝来自世界各地的观光客熙熙攘攘，密匝匝的人头攒动着，看恍惚了便以为是五线谱上下颤动的音符。”

这样的文字无疑是与音乐圣殿相呼应的华彩乐章。在欣赏了《梓山湖笔记》的简约清丽后，读者又领略了作者大海澎湃般的激情与华丽文采。

对梓山湖居所后院桂花树的描写，作者似乎寄托了更深的怀想，不吝笔墨，尽情挥洒：“早起洒扫庭除，忽然呼吸到院落隐约浮动祥瑞气息，感觉前院桂树陡添几分妩媚。近前辨看，果然枝叶中悄然冒出桂子青而白的头脸，虽微而不显，却密密匝匝，成串缀满，脉脉含情，一如处女犹抱琵琶半遮面。

“又三五日，满树调皮的桂子便龇牙咧嘴嘻嘻哈哈绽放了，在微风中摇曳着，氤氲撩人心魄的奇香。原本端庄矜持的桂枝华丽变身，似天意专宠，独赐其一树瑞雪，又若日月偏爱，将光华尽洒一株，于夜露晨霜中凝成一树雾凇。如此玉扮银妆，当阳光穿透树冠，千丝万缕，狂蜂浪蝶，游戏其间，幻成仙境意象。

“不忍再折桂枝，只以一张宣纸覆盖桂下草地，承接桂子率性抛洒的美意，掬成一捧。去镇街酒坊沽得一坛土窑烧的五十八度谷酒，小心翼翼将桂花注入坛中酝酿，拧紧木塞，再以黄泥封闭坛颈。

“待秋去冬来，寒意逼人时，余便开封，自斟自饮。或有文客访友，亦不吝捧坛分享：此乃桂子惠赠，宁饮一杯无？”

我这样大段地“抄袭”原文，是因为实在不忍割爱。作者如此“怜香惜玉”，如此深情款款，如此慷慨赋辞，这已经不是在说桂花，而是在描写一个精灵、赞美一种美好，甚至是幻身于仙境了！

此时此刻，作者笔下的景物已从生活中的实有之景，升华为象征性的意中之景，作者也进入放浪形骸的虚拟天地：“柴扉篱笆内可以消闲忘情，可以养心寄志。不修边幅，蓬头跣足，嬉笑怒骂，佯狂轻癫。故意将草丛中的蚂蚁看成奔驰的骏马，笃信其貌不扬的飞蛾是翩翩的天使（《梓山湖笔记·之二》）。”如此情态方有如此美文，兴寄与自然完全融合，物我两忘，这样刻蚀入骨的审美体验，不就是《文心雕龙》所言“练于骨者，析辞必精，深乎风者，述情必显”的绝妙写照吗？

采菊东篱，悠然南山，并不意味着只是陶醉于自我的小天地，消极遁世。并不妨碍作者满怀道德热情，对外部世界做出自己的价值判断。作者的文学触角从未失却对社会凉热、人间善恶的感知力与反应力。

《澳洲二题》篇幅不长，颇具容量。文章从眼前建筑设计中的曲折说起，笔锋突然撩开，遍数历史上著名建筑的事非人愿，从自然景观说到圣经的历史传说，说到澳洲的土著与殖民者，思接千载，笔涉万里，赋予游记以哲思的品质。

在游览梓山湖时，作者见到“湖村荒凉凋敝，几乎户户门户锁闭。偶见门户半开者，仅老妪老叟呆坐门槛，木讷滞语。村头街尾，鲜见孩童，更无青壮年身影。询问偶过路人，谓皆背井离乡寄身城市檐下打工去矣，抛弃之家园甚至不闻鸡犬之声《梓山湖笔记之十三》。”作者不禁为之深长叹息。

其他如《澳洲两题》等篇章皆有跳出具象神游物外的考辨；思辨性文字《怀念黑暗》《新宠与旧爱》等启人深思；对自媒体、“圈、群”乱象、当下文化风气的解析（《梓山湖笔记之六、七》），甚至对流浪猫的救助等，无不透射出一个作家的立场和情义；第三辑《彼岸江湖》里回忆知青生涯的文章再现了蹉跎岁月不忍卒读的人与事，作者正是从那个年月一路走来，于无字书中品读人生，滋养风骨，丰满羽翼，开启了自己的文学创作历程。

《人犬》是本散文集里体量分量兼具之作，集中体现了作家的社会责任感和人文情怀。

此前我读过作者发表于《参花》2017年第6期“名家有约”栏目头条的《人猴》，这个集子未收入。加之作者正在创作的《人豕》，这个“人与动物”系列旨在思考人与动物、人与自然界的关系。收入此集的《人犬》虽然是删节版，却仍能读出人性的善恶和复杂，读出动物的灵性和世态的炎凉，生动描绘了普罗大众的世相人生，令人感慨系之。

在对散文集中不同作品和作品的不同侧面作过粗浅分析后，可以从整体上谈谈这部散文集乃至作者的文学风格了。

志趣所向、情怀所寄、辞章所致的结晶就是风格。在这部散文集里，我们看不到“宏大叙事”常见的跌宕事迹、喧嚣场景、玄幻说教还有造作的煽情。看到的是作者“见树木交荫，时鸟变声，亦复欢然有喜（陶渊明语）”。观山则情满于山，观海则意溢于海，“饭疏食，饮水，曲肱而枕之，乐亦在其中（《论语·述而》）。”这是发轫于晋代，发散于唐宋，大张于明清，一脉绵延至民国的散文源流的一声回响，裂帛穿云，奏唱着崇尚自然，独抒性灵的优美旋律。苏世独立、桃李不言；潺湲从容、风韵深长。我把这一风格定义为：恬淡旷远、摇曳生姿。

这是一种承继与体悟兼有、感性与理性相谐的文学风格，上溯时其来有自，源远流长，四顾间同道参差、空谷足音，明显疏离于当下文坛的流行色调，几乎可说是稀有的，甚至是奇怪的。我以为，这正是这部散文集的文学价值所在。

“志足而言文，情信而辞巧（《文心雕龙·征圣》）。”这样的散文是有趣的文字，这样的作者是有趣的人。生活俗趣里蕴含有文人雅韵，温和文字下潜藏着人格坚持。这种雅与俗的统一，出世与入世的平衡，是富有积极意义的审美实践和独特的生命体验；是对文学媚时风潮的矫正；更是文学“陶情冶性，濯浣心灵”本质的彰显，人性与常识的回归。

风格即人，或人的精神映像。这个映像是丰满的，也是棱角分明的，用作者的话来说，就是：“持几根穷骨头自重，不忌惮世俗冷嘲热讽，狂狷而特立独行，自封自袭一个精神贵族的爵位，庶几安慰一颗孤傲的心（《梓山湖笔记之二》）。”

一个略显老派的现代文人，自由自在行走于字里行间，温润而笃定、从容而悲悯。

从五四运动提倡白话文到如今的百多年间，虽有闲适类散文间竹插花般点缀文坛，但“拿起笔作刀枪”的口号更嘹亮；后复有“历史文化散文”“大散文”风行，汲汲于“文以载道”的启蒙教化；近年来自媒体兴起，网红作家、流量公知如蝇逐臭般追逐热点，无底线写作，吸睛圈粉赚流量，还有层出不穷的快餐文化，你方唱罢我登场，各领风骚三五天。热闹是热闹，只是与文学已经毫不相干。比照之下，更显出这部散文集的稀有与可贵。

在《梓山湖笔记·之四》中，作者写了在梓山湖居所打井的经历："打井师傅踏勘开掘，深入十米不得水文迹象，再深进三米，便有地泉浸沁，汩汩不绝。仅一昼夜，已然满溢井口。"勘之难定，掘之难得，一朝破局，柳暗花明。这让作者不禁感慨："天赐一泓清波……清冽甘甜的井水不仅滋养了池塘，还滋养了居家生活，方便引用、洗濯、灌溉，激浊扬清，回归朴素生活本质，追溯生命本真，再问生存本义。"

你孜孜以求的东西，往往就隔着那薄薄的一层，唯有"掘开"，你才能获得做"滋养""回归""追溯"之事的自由。很多人终其一生，就困守于勘破、掘开前的那一层。打井如此，为文如此，人生亦如此。

谨此诚恳推介鹏喜先生这部具备稀有品质的散文集。

辛丑年春于北京玉渊潭

梓山湖笔记

建林

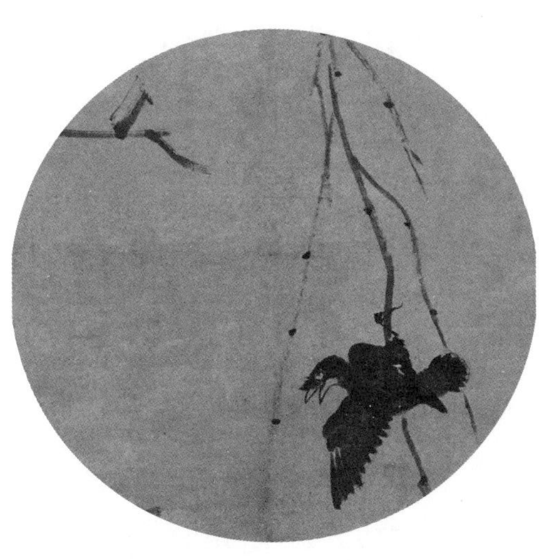

临湖傍山结庐

——梓山湖笔记之一至五

一

去武昌南一小时车程，有梓山湖，凡百六十平方公里，堪称浩瀚。湖滨万亩梓山林，故名。又因东面斧头山，别名斧头湖。

斯湖嵌于江夏、咸宁、嘉鱼之间，系古云梦泽一部分。天地之间，物换星移，梓山湖历经沧海桑田变化，仍秉承千秋古朴水源，幸免工业文明浸染，清澈碧透，掬捧可饮。纵然湖北号称“千湖之省”，以梓山湖处女本色，无出其右者。

临湖羡水，流连忘返。古人云，上善若水。又云，仁者乐山，智者乐水。余也曾行走鄱阳湖，凭吊昆明湖，泛舟洞庭湖，客居洪湖；也曾慕名玩赏西湖，寻访喀纳斯湖，怀想纳木错湖……然而，“凉亭虽好，不是久留之处”。梭罗能在瓦尔登湖潜心写作，固有与世隔绝的勇气，亦少不得在湖畔有安身立命一席之地。

余早在赋闲之前已有学闲云野鹤之

心， 却无游山逛水之兴， 盖因不愿盲从旅行社导游走马观花。而囊中羞涩， 难以模仿徐霞客当自由自在的旅行家。又囿于体力，不能跟驴友为伍。力所能及、可以尝试的， 唯有走出城市藩篱， 觅得依山傍水一隅结庐，零距离接触大自然， 每日耕读以挨暮年时光。

梓山湖有半岛， 天高云低， 空气清新； 湖岸曲折， 湖波拍岸； 丘陵起伏， 草木葳蕤。信步湖畔， 放眼田野阡陌， 风拂荷露， 鸟掠芦花， 天籁之音， 野趣盎然。余向往之，憧憬之。

丁酉初夏， 先是， 迪吾在梓山湖碧桂园物色一居所。有前庭后园， 草坪从房前至屋后延成一片。余专程去踏勘后寻思良久， 既然梦寐以求的院子已浮现眼前， 何不倾囊相助，哪怕节衣缩食? 便与夫人商议， 将养老储蓄帮凑购置。遂为梓山湖居民。

有道是叶落归根。而当今都市人的寄托都虚无缥缈， 皆因居所一律空中楼阁， 无承天露， 不接地气， 可谓“上无片瓦， 下无立锥之地”， 徒叹乡愁无以为系。老夫居然可以弃城出走了， 上山下湖， 即将栖身院落， 随心所欲耕耘一小块泥巴地和心田，不免偷喜窃笑。噫嘻乐哉， 夫复何求？

于是， 一寸寸测量荒芜的草地， 反复盘算谋划。吾当重整草坪， 让绿地尽可能宽敞。沿院墙犄角开垦菜园， 不浪费旮旮旯旯巴掌大空档， 指望采摘自给自足的果蔬。不刻意垒假山筑亭台，养花种草但不侍弄花团锦簇的花园，避免雕琢粉饰。吾乃凡夫俗子，更热衷收拾一个自然朴素有野趣的院子。倒是准备掘一泓小池塘，植几许莲叶、芦苇，期待荷塘月色和蛙鼓蝉鸣。

后院边陲是所在住宅小区界墙，石柱铁栅栏。通透的界墙外是隆起的草坡。亦即吾家后院与界外丘陵草林延连一片，视野开阔，私下可将越界小山坡统统视为自家院落范围，满足貌似小地主的虚荣心。拟构筑鸡笼搁置边界石下，放逐鸡们入草坡山林，衔虫草啄野果。

依屋檐搭一排葡萄架，且不止于栽几株葡萄。蹀躞院落，丈量草地，顿时野心滋生，暗忖可沿院墙与左邻界线依次栽培橘树、桃树、石榴树、梨树、樱桃树各一棵，加上院内已挂果的一棵枇杷树，俨然是一个小果林。居不可一日无竹，有人承诺帮助在院墙右邻处植一行翠竹。余自己动手培育了几株芭蕉，将择时移栽。

一旦拥有小菜园、小池塘、小果林，吾不惭以农夫、园丁自居。每日劳作之余，于茵茵青草席地小憩，或躺或卧，发呆、冥想到黄昏。任思绪如乌云翻滚，乱麻缠绕，临睡前信笔涂鸦，早起时东鳞西爪。如此胡乱翻书，率性命题，持之以恒记录点滴，敷衍字句，状无题于有名，曰：梓山湖笔记。

二

迁徙梓山湖，收拾一个栖身的院子简单，无非劳神费力，花工夫图舒适。而守护一处养心的庭园殊为不易。出窍的灵魂不食人间烟火，吾下意识地感觉到，它久久盘旋于头顶审视，寻觅的乃精神领地。

向闻诗人声称，诗意地栖居。而现实生活种种情状粗俗不堪，嘲笑诗人一厢情愿。唯在精神世界，诗意栖居是当然必然的，彼岸生存必需品非衣食也，乃思想自由与缪斯矣，一如空气与水。

佛家有偈云，相由心生。既天赐梓山湖一隅予鄙人寄居，吾当听从心灵指点，努力拓展一方自由自在的空间。

自由自在之日，便是自觉自省之时。在湖北红安天台山，庙宇院墙上铭刻着修行者之问："衣乃我所有，不是我；身乃我所有，不是我。我是谁？谁是我？"在梓山湖，耕耘之余，闲来无事，吾日三省吾身，慨叹自知天命以降，萦绕于怀的疑问总有十年之久：世人太多凡夫俗子，比如鄙人，貌不出众，才不夺群，如此活该安分守己，随波逐流，浑浑噩噩打发一生？可否持几根穷骨头自重，不忌惮世俗冷嘲热讽，狂狷而特立独行，自封自袭一个精神贵族的爵位，庶几安慰一颗孤傲的心？至少，凡人亦有良知悟性，被动历经所谓二十张狂、三十而立、四十不惑、五十知天命，无可奈何之后，何妨做一回叛逆庸常、反诘世俗的哲人？

是故，吾将在梓山湖畔自家院子里，遵从吾心做一个王者，天地人间为自由王国，睥睨四野，颐指气使，放浪形骸，问物是人非以求真知灼见几许。

少年时读鲁迅的《从百草园到三味书屋》，便憧憬一块天真的心田。彼时老师动员种蓖麻，说是开花结果提炼航空润滑油，于国于民功莫大焉。懵懵懂懂而热血沸腾，以一颗虔诚的童心播种，一日三视盼出芽，精心呵护幼苗成长，终于结出硕果。然而不见老师安排收获上交，听任调皮学生将小蛋卵似的蓖麻籽玩各种游戏糟蹋了。虽然童心被忽悠戏弄，而体验生命种子成长的过程刻骨铭心。及长，当知青教师带学生历练了一株棉花从营养钵育种到采摘雪白果实的本领，从此固知一衣一饭来之不易，更崇尚田野的绚丽色彩和厚实底蕴。如今老夫解甲归田，犹如游子回归故乡。梓山湖是意境，亦是意象。并非浪漫，分明天真，我欲重垦少年心田。

想象中的园地可以火中取栗埋下生命种子，虽然发芽的希望渺茫，幸而耕耘的汗水甘之如饴。于是，吾将承认恶之花往往艳丽，见证善之果常常丑陋，同情罂粟是沦落人间的国色天香。吾将发现比昙花一现更惊艳的是缪斯袒露的胴体。她重约李白，再邀明月，对影五人醉歌；她与屈子互拜，同吟九歌，请教诗人之问，哲学家之问。

是矣，柴扉篱笆内可以消闲忘情，可以养心寄志。不修边幅，蓬头跣足，嬉笑怒骂，佯狂轻癫。故意将草丛中的蚂蚁看成奔驰的骏马，笃信其貌不扬的飞蛾是翩翩的天使。敢问化缘乞食的和尚：汝以一衣一钵苦行天下布道苍生，甚至舍身饲虎，何以庙堂金碧辉煌穷奢极侈？何故不惑色相的长老坐化升天的皮囊还要黄金装身？何因罗汉们个个肥头大耳大腹便便？质疑敢把皇帝拉下马的英雄：汝为民请命振臂一呼，一呼百应者抛头颅洒热血的代价，是汝理直气壮霸占金銮殿的筹码？追究语焉不详的天体物理学家，起源于大爆炸的宇宙是谁于何处引爆？宇宙纵然无边无际，它又是依托哪个空间膨胀弥漫开去？

梓山湖畔小院，野渡无人，不系之舟，园丁入梦……

三

自于梓山湖觅得小院迄今，时有友人关切询问：汝果欲北辞武汉，南迁梓山湖隐居？

初闻讶然，再闻哑然失笑：余不过乃小文人一个，赋闲后更等同一介草民，于茫茫人海若有若无，原本属可以忽略不计族群、几近大官大款大腕大人们视而不见的隐形人，何须再隐？自视渺小体量、卑微形容何以堪隐？

余确已在打点行装，俟室内装修完工即可搬迁。梓山湖的院子忙碌数月，栅栏围了，藤廊架了，小塘挖了，菜园开辟了，只待余去耕耘劳作矣。

然而兹去不敢侈谈归隐。

显然，城里原有住所维系着三代人与这个社会复杂的经济、人际交往，是这个家庭子孙就职求学的依托。此乃传统意义上的家室，还得由老伴留守。于本人而言，恐怕也是时常进城栖身之所在。城市日益光怪陆离，流浪、淘金者目迷五色。吾得承认鄙人少年的乡愁在城市一隅，那里曾是梦想闯荡天下的客栈。

如此看来，今后应是在湖畔小院的时日居多，余将成为这座城市的稀客。不辞而别之际，难免思绪凌乱，自问可否了无牵挂离去？仰望斗转星移，俯察物是人非，慨叹时不我待，事无我当。思忖良久，始知心中隐约作祟、羁绊去意的，无非名利二字耳。

于是自我排遣忧心，屈指盘算：早在2015年年中，余便从杂志社法人、副总编辑任上卸职，年底市作协换届挂名十几年的副主席头衔变成了顾问。2016年年底又从市文学院专业作家岗位退休，至2017年7月，终于领得一纸退休证。行头卸得干净轻松，解甲归田正当时。不过，赋闲之初，余又应邀揽了两事在身，一在一家文学刊物任专栏特约主编，一在一所大学任教。杂务缠身，如今迁居在即，奈何？

扪心自问，此仍心中有鬼的借口而已。今日读书颇有心得：有修行者决绝妻子往深山修行，毕竟还得食人间烟火，便毗邻山村，村邻为其结庐。修行者以两幅粗布代替衣裳，不料换洗的一幅为鼠啮，恐另一幅又遭啮。村邻赠猫御鼠，然猫以牛奶为食，又赠其奶牛，然牛食草，又为其拓荒地以种草谷。然修行者无能耕耘，村邻只好又媒以寡妇。寡妇年轻，耕炊伴读，修行者好之，遂妻之生子……读着不免窃笑，为修行者汗颜。

又读钱穆先生著作。先生认为，生命中之第一层次即生活方面，接近自然，人与其他动植物生命相差并不远。孟子曰：人之异于禽兽者几稀。人为了维持保养生命而生活，并非生命为着生活，而是生活为着生命。可见生活在外层，生命在内部；生命是主，生活是从；生命是主人，生活是跟班。物质、生命、心灵，三者之间的动作程序，就人类而言，又像是心灵最先，次及生命，再次及身体即物质。因于此一观点，宇宙间心灵价值实为最高，生命次之，而物质价值却最低……

阅读至此，心中已然透亮，作祟的鬼魅羞愧遁去。

是矣，些许名利虚荣的羁绊都必须根除，不然有负天赐梓山湖小院的大好时光。余甚至考虑过辞去现任教职，辞去一个微信群群主虚职，以示决绝。唯恐旁人误解，自劝暂缓。而兹去必离武汉都市交际圈远了，正好与常打交道的某些名利场上的得意之徒保持距离。虽耳顺之年益加宽容，然以往对无耻无知无聊做派的一忍再忍以后可以少忍，少了虚与委蛇和顾虑，岂不清静许多？

近来常在梓山湖小院独酌。朦胧夜色遮蔽了形骸，倚一块石头席地而坐，置一壶酒于石面，偶尔对着壶嘴啜一口，任思绪信马由缰。微醺时轻吟陶渊明的《饮酒》：“结庐在人境，而无车马喧。问君何能尔？心远地自偏……”窃以为陶公所谓“心远”，意即心清矣。

如此则了无牵挂，套用时髦网络语谓“裸奔”，心无旁骛，幸甚至哉。耕田之余，笔耕“梓山湖笔记”，率性命笔，积篇成什，不亦乐乎。

四

大凡城里人都有优越感，认为乡下人寒酸。其实多数市民上无片瓦、下无立锥之地，寄居在空中楼阁逼仄框格中，比之农夫村妇更贫乏，不过以光鲜服饰、体面言语强撑无奈无趣生存状态而已。

余以迟暮之年不再强撑，不惜砸锅卖铁助力犬子，在郊野觅得小院。虽方寸之地，四顾茫然，愿效仿渡鸟衔枝，寄希望于彼岸。于是荷锄执镐，躬身耕耘。

于小院掘井乃心血来潮之举。先是，掐尺掐寸挖了一口小池塘，引自来水注满，意欲植莲叶几片，种芦苇几株。人心不足，得陇望蜀，又欲有鱼尾泛涟漪，蛙虫时鸣其间。近邻有种菜翁，讥余曰：吾浇灌尚以沟渠雨水，汝无源头活水，何以滋润池塘生机？余沉思良久，决意掘井，汲源源不绝地下泉水，注池塘一缕清泉。

遂延聘谙熟此处地理的打井师傅，踏勘开掘，深入十米不得水文迹象，再深进三米，便有地泉浸沁，汩汩不绝。仅一昼夜，已然满溢井口。打井师傅谓，曾在距离十余米处掘井，深入十七八米，至今彼井仍枯。此井好风水矣，水量充沛。

筑井台，架轱辘，小院平添一道景观。近日有群友主动问余井口尺寸，愿以石雕井沿相赠。如此老夫劳神费力打造的一眼水井，更像模像样。从附近村庄弄来几只陶罐，半爿磨盘磨刀石，还谋得一柄棒槌。

京城胡同称谓，本义源自蒙语，水井也，里弄巷道通向之地，足见生民生命之源的崇高地位。余胡思乱想，冥想成真，活生生折腾出一口不合时宜的井来，盖因乡愁使然。乡梓情怀犹如不系之舟、风雨浮萍。故乡并不遥远，在本省汉川。而余浮生六十载从未返乡，非不愿也，实不能矣。老家只是户口簿上的一个籍贯符号。祖辈自儿时起便背井离乡，流浪江湖。若论家族血统，一半长江一半黄河。乡井何在？父亲生前余曾试问，可否寻访故里，哪怕了无踪迹，庶几了却心愿。父亲老泪纵横，言既无宅基，亦无坟茔，祖父是随家族迁徙而去的，隐约记得祖父乳名的长辈早已入土湮灭，能寻觅的，徒伤悲耳。余闻之无语，唯想象故里是虚无缥缈中一口千年古井，近前不得。

而今余固执地开掘一眼新井，饮水思源，井水源自大地深处。纵横交织的地泉之河必然贯通家族血脉的江河，连系曾祖的生命之井。故尔，小院新井亦老井古井，余奉若神明，鞠躬汲水，举杯遥寄父辈、祖辈、列祖列宗。轱辘旋转，思绪缱绻，颤悠井绳绾游子之心。

拥有一眼水井，天赐一泓清波、一潭清泉，取之不尽，用之不竭，满足的体验煞是美妙。清冽甘甜的井水不仅滋养了池塘，还滋养了居家生活，方便引用、洗濯、灌溉，激浊扬清，鼓励回归朴素生活本质，追溯生命本真，再问生存本义。

或问，醉翁之意不在酒，汝无非借井说事乎？答曰，借井水洗头，濯足，涤眼前污渍，浇胸中块垒。每自尘世蓬头垢面归来，效古人照井顾影，知嘴脸丑陋，洗面洗心。

五

近读网上一则段子，哑然失笑。

乡下人蜂拥进城看樱花，车满为患的道路愈加拥堵，城里人啧有烦言：乡巴佬凑热闹，樱花宁充饥乎？城里人蝗虫般下乡看油菜花，鸡犬不宁，乡下人反唇相讥：城鬼佬真无聊，菜花有甚看头？

城乡人互嘲互掐由来已久，如今反串角色颇有意味。在限制自由迁徙的割据现实下，乡巴佬见洋广属思想觉醒，而市民向往田园风光亦属心灵觉悟。

受段子手启发，余在井台旁兴土木，筑灶台，竖烟囱。到镇街老杂货铺购置一口大敞锅，以及铁铲、火钳、筲箕、篾帚、丝瓜瓤子、葫芦瓢等一干稀罕的农家炊具。又爬上院外山坡，拾来枯倒的树干枝丫，锯成段木，于灶旁码成井字型劈柴垛。于是院墙一隅又添几许农户光景。

砌灶师傅欲在灶台表面镶嵌白瓷砖，余断然阻止，一任粗粝的红砖尽显简陋本色。

当灶膛薪火冉冉，炊烟袅袅，余心中油然滋生一股平庸的舒坦情绪。从兹柴火锅巴稀饭成为家常，还有小院篱笆的菜秧子，使锅灶不当摆设派用场。

闲读《论语》，子曰：一箪食，一瓢饮，在陋巷，人不堪其忧，回也不改其乐。

自然联想到佛经故事，“弱水三千，一壶瓢饮”。信哉斯言。人间山珍海味，琼浆玉液，珍馐佳肴，无可穷尽。岂不闻民谚说得俏皮：癞克蚂想吃天鹅肉是妄想，老虎吃天却是无从下口。宦官财阀华筵不散，终不过是暴殄天物的饕餮之徒；而草民布衣，土灶陶罐，自食其力，甘之如饴。

或曰，尔不过小文人，如此酸文，必不得志也。武汉亦乃大都市，英雄大有用武之地，汝背道而驰，无才无志，躲避乡野小院苟活偷安而已。

余闻之拊掌讪笑。性本愚钝，一生枉为城市人，在职场屡屡败北。幸得保全囫囵身躯，不愿再躲闪明枪暗箭，不如归去。承认吃不着葡萄嫌葡萄酸，兀自在自家小院支灶架锅，汲井水，煮戾气，烹日月，饮晨昏。心无旁骛，添柴火读闲书，陶然于灶台。

新宠与旧爱

——梓山湖笔记之六、七

六

闲居小院，每日耕读之余，不免睇几眼手机，刷几屏微信。

古人云，世无英雄，遂使竖子成名。余戏谑曰，世无美人，遂使微信迷魂。曾几何时，书籍、报刊、影视、信函、电话、晤谈等等阅读鉴赏，消遣交流媒介统统失宠，独钟微信，无论官商百姓、鸿儒白丁，概莫能外。这般光景，犹如天下风流男士忽然发现各色美人均已人老珠黄，唯青楼翘楚仪态万方，趋之若鹜。一时间微信集万千宠爱于一身，实乃古今中外奇观。

微信聚“群”，极大地扩展了其汉字的延伸义。血缘群、裙带群、职场群、利益群、志趣群、同行同窗群等等，这些界定均无以涵盖微信群里、群间的复杂微妙关系。它像怪兽吸盘强力吸聚人际关系的同时，亦将传统族群撕裂得血肉淋漓。

每日刷屏者浑然不觉，微信恰似镜

鉴，清晰映照芸芸众生相。

区区一条微信资讯，透过屏面图文，可见发送者志趣、素养、品行性情乃至思维逻辑和心智。近朱者赤，近墨者黑，不同利益、阶层、年龄的“群友”，往往屁股决定脑袋，自觉不自觉成为族群代言人，不足为奇。奇怪的是，诸多社会时政资讯的发送者立场观点矛盾，足见其价值取向混沌。至于伪善、假侠、真傻、文痞文盲，逐一显现。更有活宝，不分青红皂白，转发的资讯自己并不读，只为冒泡刷存在感。潜水者和醉心鸡汤、笃信秘诀者暂且不论。

朋友圈滥用朋友一词，谓熟人圈也近半数缘悭一面，似乎可称“呼啦圈”，东扯西拉牵连在一起呼啦叽喳，自话自说。偶有好图文，是默默真布道者。

余浏览朋友圈鲜少点赞，总觉得那个心型符号容易误会，不像赞许像表白、调情、献殷勤。或者似儿童撒娇卖萌，成人模仿有点装嫩。余发现点赞者往往并非点赞对方发送的图文内容，而是点赞对方本人，奖赏耶？笼络耶？回报耶？即便点赞对方的发送内容，这个笼统符号承载的也多是敷衍和客套。故余浏览到好帖偶尔表态，宁用大拇指，有时点评一两句。

朋友圈晒出的东西无奇不有，乍看似乎晒错地方，应是晾给亲友、闺蜜、死党看的。再视错愕，故意把私宅客厅等同酒店大堂，甚至将自家卧房浴室与旅馆客房温泉圈在一起，全无隐私概念。自恋自爱无可厚非，而旅游不看风景看自己，忸怩作态且浓妆艳抹，匪夷所思。

逛微信朋友圈莫愁前路无知己，玩QQ（腾讯即时通信软件）群寻觅知音更是朋友遍天下。刷屏画面精彩迭出，俊男靓女，艳帜高张；谵言呓语，嘈杂喧嚣。却又有网警忌讳，敏感地带，忽然噤若寒蝉。线上线下，令人迷惘。

刷屏淘神费目，不如读书自在。读《楚辞》："世溷浊不清，蝉翼为重，千钧为轻；黄钟毁弃，瓦釜雷鸣；谗人高张，贤士无名。"

余断无视微信为洪水猛兽之意。毋宁说余认为它是天借科技赐予升斗小民的法宝，使向来唯唯诺诺者亦能发声主张好恶。余不过觉得微信刷屏酷似一面镜鉴而已。

七

蛰居小院，闲读杂书，浏览而已，不求甚解。因老眼昏花，亦借助百度检索，以免误读误解。

今翻阅六朝骈文代表作《哀江南赋》，果然绮丽："西瞻博望，北临玄圃，月榭风台，池平树古。""践长乐之神皋，望宣平之贵里。渭水贯于天门，骊山回于地市。""虽复楚有七泽，人称三户；箭不丽于六麋，雷无惊于九虎。"

难怪作者庾信堪称骈体代表，此赋形式对仗精美，内容苍凉雄劲，恭维他大手笔有气魄亦不为过。然而其却只得意一时，终究不能与其后唐诗宋词大家比肩。即使较其前汉赋，也黯然失色。皆因骈文这种字句两两相对成篇的四六句文体装饰性太强，形式大于内容，此风盛行时连官家公文都照此格式，民间叫苦不迭，骈文不速朽才怪。

又翻阅《女与回也孰愈》，此乃明清文坛奇葩八股文范文，据云尚浅显，余试读："……将谓回不愈女，女不愈回乎？此可与论过犹不及之师，商而女之回也，固非其例；将谓回有时愈女，女有时愈回乎？此可与论退与兼人之由，求而女与回也，又非其伦……"八股文之文本格式固定为八部分，后四部分各须以两股排比对偶行文，以上所引是其第七部分"后股"的排比对偶，像绕口令。而且八股文必须以孔孟腔调鹦鹉学舌，不能逾矩。如此禁锢作者思维，愚弄读者智商的文体，除在科场逞能，民间断难容忍，故遭世人耻笑摈弃。

然而臭婆娘的裹脚布总有癖恋三寸金莲者好之，至白话文时代，毛泽东还撰文痛斥"党八股"。兹后，1958年文风随"浮夸风"肆虐，"文革"期间"檄文"横行。拨乱反正之际，相声演员姜昆曾辛辣讽刺"假大空"腔调，观众莫不捧腹。

不料四十年后，奇葩文体死灰复燃。始作俑者，疑为无良记者、编辑。渐至标题党泛滥，"吓尿体"风行，从主流媒介到自媒体，凡报刊、广播电视、微博微信，千篇一律，门户网站尤甚。大有骈体与八股粉墨登场之势。

标题党、“吓尿体”以剪辑、装饰固定格式的文本为形式，或以插图掩饰文字的苍白，以哗众取宠为旨趣，常以厉害、神器、吓尿（吓哭、惊慌……）为关键词。譬如，北斗卫星定位系统或深潜器是我国努力赶超世界科技水平的重大新闻事件，本应以准确文字严肃报道，却偏要描述成前无古人后无来者的神器，厉害到令某国某人吓尿吓哭，以期达到刺激读者神经，煽动受众情绪的效果。此类文体，目前比比皆是，其行文手法，无非断章取义、借题发挥或偷换概念、夸张恐吓，文风恶劣较之骈体和八股文，有过之无不及。

权威官媒见实在太不像话，便发声批评。挨批后似乎收敛了，又移花接木，貌似公允、客观，却以狡辩、诡辩思路行文，尤其某度、某条的国际时事述评，似乎是在糟蹋汉语，强词夺理，逻辑混乱。尤其那些网红专家不思悔改，翻新辞藻愚弄受众，其喋喋不休的说辞，仍是四六句、八股文旧爱模式，唯恐丧失哗众取宠的话语权断了名利来路。

诗云，东风不识字，何故乱翻书。不才好歹识得几字，乱翻书以免老来昏聩任人愚弄。而世上大字只识一箩筐的人多矣，原本也够用了，只怕被人愚弄了还信以为真。小院昨夜又东风，乱翻的书中世事洞明。比如，翻阅《壶天录》与《楚辞》比照：“噫！鼠辈邸张，其若是哉！黄钟毁弃，瓦缶雷鸣，蠢兹幺么，毒害乃尔。”

世无丑人

——梓山湖笔记之八、九、十

八

许是梓山湖真乃风水宝地，余在院子里开垦的红土处女地，首次播种便有好收成。收获最丰的是豆角。清明前后，沿铁丝网格院墙点种的豇豆，小满时秧藤便爬满院墙，开出蝶状豆花，芒种时摘了第一茬嫩豆角尝鲜。夏至豆角疯长，傍晚采摘了，几乎一夜之间又千丝万缕挂满墙头。红白相间和青翠碧绿的一根根在骄阳下交相辉映，煞是可爱。

吃不赢的豆角除了让亲友分享些，多的统统制作酸豆角。酸豆角向来乃武汉寻常百姓热天当家菜。夫人烹饪酸豆角技法与众不同，烧一壶沸水将青豆角浇透，只浸泡半日便捞出，青色尚在。切小段后佐以蒜瓣、红青椒爆炒，青红白三色相间，略酸微甜偏咸，兼具青菜和咸菜品质。此乃酷暑溽热季节首选菜肴，食绿豆稀饭、馒头时佐餐最妙。

种葫芦颇有趣。葫芦秧长到尺许便像

顽皮小子急于攀爬，爬上墙头还不罢休，竟将余移栽的一棵歪脖子柳树绕缠覆盖。一场暴雨过后，冷不丁冒出独一个小葫芦，像个白炽灯泡，一天天膨胀至足球大。余不忍心采摘，不料密密匝匝的藤蔓中悄悄冒出一串葫芦娃，荡秋千似的随风起舞。余便将大葫芦摘了剖开，一半清炒，一半煨汤。葫芦性状味道近似瓠子。瓠子原是余之偏好，甘甜清爽，不似丝瓜软绵而黏。而葫芦又比瓠子略脆，耐咀嚼。先前收获的三五个葫芦，自家食用了两三个。来小院玩耍的群友王君乐滋滋采走一个。还有两个硕大无朋的，余以丝线加固藤蒂留待长老，一个做酒葫芦，一个当葫芦瓢。而纠缠于柳枝的藤蔓上还挂着一串葫芦娃呢，乍看像葫芦树。

小院菜园的青椒、番茄、茄子均有可观收成。代价是把余晒得乌漆麻黑。夫人揶揄说：你这般模样哪像个教书先生？分明是个乡下丑老头子！

值得一书的是那棵垂柳。去年秋天网购的一棵垂柳，连运费耗资八百元，到货时却是一根碗口粗、两米长光秃秃的树桩，栽种后至今年春分毫无反应，以为上当吃亏了。不期惊蛰过后它迅速出芽抽条，丝丝缕缕，成为菜地池塘旁一道风景。待明春，余将采摘自家园子独有的一道菜尝鲜：柳芽。

尝闻民间有养生诗云：立春五芽炒，立夏杏苏草，立秋杞冬地，立冬参芪草。诗中所谓五芽，乃指绿豆芽、黄豆芽、黑豆芽、蚕豆芽、豌豆芽。而余几年前偶闻，五芽另有所指。

其中之一指椿芽，一般人都吃过，另一当指柳芽，恐很少人吃过。还有另三芽呢？余孤陋寡闻，又是生长在城市，委实不知，愿借此求教于方家。余倒是有幸品尝过荷芽，不知是否在五芽之列。七八年前的一个夏天，应洪湖作者之邀，荡舟洪湖野荷深处，系舟于湖心一艘渔船就餐。渔家以鲜嫩荷芽炒鸡蛋，清香非凡。又以含苞待放荷花勾芡油煎，焦脆而细腻。当然，免不了还有野藕野鱼野鸭……听说过却未品尝过柳芽，余心痒嘴馋，意欲一试。

花圃菜地，池前柳下，明年早春当采一把柳芽，炒一盘翠柳斩蛋佐酒，又恐惊扰了枝头黄鹂，骂老夫吃相丑陋。

九

常读群友曾庆伟先生写的美食文章，常看群友陈谢先生晒的美食图，津津有味。余在小院艳羡不过，心生恶作剧念头，反其道说说丑食。

遥忆二十多年前拙著《不远的木屋国》，这部长篇小说第二章题目是《丑食》。其中一个情节乃余亲身经历。外婆带着上十岁的我和街坊一起去郊外剜野菜。田头满满的化粪池凝固成了干壳子的表面落了一条腊肉皮子。街坊顽童用竹竿挑出肉皮甩来甩去，不小心甩到外婆菜篮里。外婆顺手没收了，不顾街坊哄笑和恼羞成怒的我大声抗议。回家后外婆反复清洗肉皮，放在锅里并扔进一颗据说可以去毒的锈铁钉煮烂，切丝佐以姜蒜干尖椒爆炒。尽管我再三声明，绝不吃来自粪窖的肮脏东西，当黄里透白的油滋滋香喷喷的肉皮子装盘上桌，我的鼻子和眼睛彻底投降，出卖了馋荤已久的嘴巴……

外婆的丑食刻骨铭心。而小说中没写出的另一种丑食至今令余反胃。余青少年时期家住武汉十七中和山鹰小学附近，邻近一口臭水塘。每日方圆几十公里的工业垃圾、生活垃圾、畜牧垃圾源源不断运来往臭水塘倾倒。某日，翻斗车倾倒了一车养猪场的死乳猪，虽时值严冬，犹恶臭扑鼻。拾荒人中有一老妪，众目睽睽之下从死猪堆中翻拣十余只囫囵、个大的猪娃，在臭水塘清洗血污后悉数拎走。拾荒人多为附近街坊，而老妪来路不明，就在垃圾场搭席棚栖身。她将死猪娃再用清水洗净后撒盐腌渍在瓦罐里。应是冬至过了，十余天后她将腌猪娃挂在席棚檐下晾晒腊肉。一具具白里透红的乳猪尸首挂成一排，令人联想到一丝不挂的死婴，情形恐怖，拾荒人躲瘟神似的躲避老妪，她却泰然自若。

那时余已下放农村,这一幕系临时返城短暂逗留所见。余在知情生涯中有一个特殊身份，县知青办公室知青代表，故那段时间频繁出差返汉。从腊月至正月，老妪席棚檐下的死乳猪腊肉干少了一条又一条，而拾荒老妪安之若素。此后臭水塘填满了，拾荒人包括老妪统统消失了，而那悬挂的一排死乳猪腊肉干像是一个个问号，几十年来成为我眼前挥之不去的阴影。

子曰割不正不食。谚云宁吃鲜桃一口，不吃烂杏一筐。富人食不厌精，脍不厌细。穷人粗茶淡饭，苟且偷生。较之吞食观音土甚至易子相食、人相食的饿殍，老妪食用死乳猪又当如何？

外婆是河南人，来汉多年仍惜水，她有一句口头禅：只有人恶水，哪有水恶人？老人家在天之灵，倘能知晓外孙尝遍人间酸甜苦辣后退居小院，守着一口池塘一眼水井自食其力，必含笑九泉。

世上本无丑食，或有丑人。其实哪怕五官搭配再不协调的人，看习惯了也顺眼。故余断言，世无丑人，只有丑态。而丑态乃丑陋的心态使然。

十

今秋收获完夏令蔬果，计划播种萝卜。余曾在汉口家中露台试种过红皮圆头萝卜，而今还要学种一些胡萝卜。

胡萝卜情结缘于少年的敏感嗅觉。暑假时邀约街坊玩伴去郊外钓克蚂（青蛙）、摘菱角，顶着炎炎烈日，赤足穿行于田野，酷热干渴难耐。倏忽微风暗起，余闻到一股带甜味的芳香，脱口而出：胡萝卜！玩伴环顾左右哂笑：想得美！余嗅着气息前行几十步，果见前方一大厢胡萝卜田，青翠的胡萝卜缨子在微风中曼妙轻舞，绿缨下露出的胡萝卜头仿佛致命的诱惑。身后的伙伴不约而同一拥而上，直如土匪劫道、恶狗捕食，拔出萝卜带出泥，撩起衣襟将胡萝卜拭得透明，大快朵颐啃起来，津甜、脆崩，顿时觉得天下第一美味莫过于此。

胡萝卜缨子许是青菜谱系形状最美的菜叶，乍看似芹菜，细辨绿缨如花絮，茎叶颀长纤细菲薄，似凤尾雉羽，又似桂华兰叶。尤其品质芬芳醇厚，散发馨香之气。

一般印象中胡萝卜缨子用途不如白萝卜叶子，后者盐渍成腌菜，乃穷苦百姓一年四季不断顿的佐餐咸菜。其实胡萝卜樱子在民间巧妇手上可烹饪各种佳肴，可粉蒸、凉拌或清炒，只是各地各有小窍门对付炒不烂和青涩味。

家母独辟蹊径，做的胡萝卜缨子米饭真正是色香味俱佳。将当年新米淘洗干净，置柴灶鼎锅中以旺火煮沸，以文火熬至米香弥漫，米汤酽稠，而米粒约七成熟火候。以筲箕捞米滤尽沥干米汤，将切成细段的新鲜胡萝卜缨子均匀拌撒于糯软而不粘团的松散米粒，以竹篾蒸笼架敞锅上蒸。当米香融合缨香随着蒸汽袅袅升腾，便揭盖子。于是蒸笼里云蒸霞蔚，珍珠般雪白的米饭中闪耀着翡翠般碧绿的缨屑。这般景象，可以联想到白沙滩上的云母片在阳光下熠熠闪烁。

记得贪吃如我，往往连逮三大碗，且拒绝拈餐桌上任何下饭菜，生怕坏了碗中原汁原味……

自古种瓜得瓜种豆得豆，余自信勤劳种一茬胡萝卜会有收获。诚然，即便备齐土灶铁锅，竭力模仿，断难再做出慈母那双魔仙般的巧手造化出来的珍珠翡翠。幸而当胡萝卜缨子灵动轻扬起来，余嗅着清香在小菜园磨磨蹭蹭。

虽说世无丑人，也得承认世上多少有些美人。余喜欢朴质美人，如小家碧玉，耐看、养眼。老来也不敢随意偷眼了，只好视眼前英姿飒爽的胡萝卜缨子为小家碧玉，贪婪地看，不害臊地吸吮她的体香。

佐酒物

——梓山湖笔记之十一

“读书人”群友荆南楝翁，邀余为其主编之文言文杂志《文思》撰稿。余自忖写半文半白语句尚可，若以纯粹古文笔法，恐笔力不逮。再者暑期以来余蛰伏梓山湖小院，一意耕耘，心无旁骛，搜刮枯肠，文思索然。

荆南先生主笔之《文思》，乃海峡两岸暨香港地区唯一文言杂志，其志在起吾国文言之衰，复传统礼乐之废。先生曰，岂能无动于衷乎？余钦佩不已。自省此生胸无大志，淡泊名利，自《芳草》致仕后更离群索居，绝不写趋炎附势文字。然先生所言极是，纵移情花木菜圃，总难物我两忘，每耳闻目睹世态众生相，常心有戚戚焉，辄有诉诸笔端冲动。

梓山湖笔记搁笔久矣，近日，余步出小院，踝躞梓山湖畔，欲开启文思，寻访可资续写笔记之物事。

但见湖波浩渺，荷田荡漾，芦花摇曳。远眺彼岸滨湖村庄，掩映于云蒸霞蔚处，俨然蓬莱仙境。遂绕湖疾行数十里，登半岛、渡湖州探访。近前才发现湖村荒凉凋敝，几乎户户门户锁闭。偶见门户半开者，仅老妪老叟呆坐门槛，木讷滞语。村头街尾，鲜见孩童，更无青壮年身影。询问偶过路人，谓皆背井离乡寄身城市檐下打工去矣，抛弃之家园甚至不闻鸡犬之声。

此番境况，与余近年行走大别山、大洪山及江汉平原所见大同小异，远观如诗如画之村庄，近察污秽不堪，满目疮痍。

不免自嘲迂腐，读古诗自作多情，幻想渔樵壶酒相逢，林叟谈笑忘归。时下乡野，所谓仙风道骨、闲云野鹤已然绝迹，亦无新鲜物事可言。

隔日返汉办事，不期在市井遇见一位与众迥然不同长者，庶几记述几笔。

汉口花桥街坊口，早点摊旁一七旬有余翁，兀自以稀粥佐酒。此翁端坐于桌边花坛石阶，身旁搁一碗透明塑料碗盛的白米稀粥，手执一瓶二两半容量毛铺苦荞白酒，一口酒一口粥，浅酌慢饮，旁若无人，泰然自若。

早餐饮酒并不罕见。江汉平原农村习以为常，农夫清晨起床即往田间劳作，至上午九时许返家喘息饮酒，凭借这顿酒力再务农至午后。市井中亦不乏早起贪杯之徒，武汉方言谓之“酒麻木”。其实多乃出重力挣血汗钱的苦主，嗜酒如命，却是以酒养命，以一碗热干面佐酒，津津有味，品咂艰辛生活。亦有家境宽裕好逸恶劳者，早餐喜以重油烧卖佐酒，醺醺然挨过半日时光。

余好奇花桥早饮翁者非其酒也，乃错愕其佐酒物也。视翁穿着尚属整洁，以平民间巷消费水平，一瓶酒加一碗粥价格不菲。借清汤寡水之米粥助酒兴，此翁不随俗，显得另类。

街邻见怪不怪，谓翁日日如此早饮。问翁身世，街邻语焉不详，只道其子乃民工领班，举家迁徙进城，于斯赁房寄居经年……

联想前日湖村所见，姑妄揣猜，此翁许是曾出没梓山湖风波里剽悍渔翁也未可知，则率性善饮乃其固有本色，海量惊人。

向闻世上贪杯之徒必也大快朵颐。江湖好汉，大碗喝酒，大块吃肉；官宦巨贾，食不厌精 ，脍不厌细；风流才子，纨绔子弟，醇酒妇人，秀色可餐。凡此种种，琼浆玉液不离丰腴肥厚佐配。极端者如梁山水泊一类，酒逢知己却不逢佐酒物，可以割人股肉炙烤或者蘸蒜汁生啖。

而民间饮酒，多以耐咀嚼吸吮食物佐之，深谙“鱼脑壳，鸡爪子”精髓，花生米更是经典佐品。即便雅爱小酌之文人士子，买醉之意不在酒在情趣，那情趣中亦缺不了茴香豆滋味。

余六旬过后亦雅爱小酌，中意之佐酒物乃带壳花生、砂炒豆类、瓜子或水果，不喜以丰腴肥厚物佐酒。试问：佐酒者，岂不以酒为主，佐物次之？时下以满桌山珍海味饮酒作乐，不应称之为佐酒，酒不过乃饕餮之徒的借口而已。今人奢靡之风盛行，其舍本求末、买椟还珠种种行状，实则糟污了美酒的品质品位。

故余较欣赏西人的餐前酒和餐后酒，品酒客手执一杯，浅酌慢饮，佐酒的是音乐、歌舞，而非餐桌上的算计和交易。即便是酒徒，影视宣传片中美国大兵佐酒的是女人，多少也应了“秀色可餐”些许意思，俄罗斯酒鬼佐酒的是西北风，也有几分豪气。

国粹亦值得自豪。诗仙、酒仙李白置一壶花间酒，与明月对酌，佐酒的只有沁入心脾的花香。韩熙载大宴宾客，从夜宴图看，几案上的盏盘虽盛满美味佳肴，而主客却冷落它，佐酒的是管弦丝竹。而民间好酒高人多矣，如江河水手，素来习惯喝寡酒，佐酒的是朴素、剽悍的勇气。

独眼前此翁以米汁佐酒，淡然、淡定。如此胃口，这般口味，不经意间由酒徒而酒仙，多少有几分仙风道骨，与世俗格格不入。

余观时下世道，不唯铜臭味重，香醇气息亦浓郁。成语“干柴烈火”原义喻难以抵挡男女身体相交，延伸义可以形容以“吃货”自诩者对美食的贪婪。今人重口味已成风气，由周黑鸭风靡全国而小龙虾蹿红网络，管中窥豹。口腹之欲，欲壑难填，必逞口舌之快，及至目迷五色，耳溺五音。俊男靓女，趋之若鹜。所谓“中年油腻男”，油腻岂止嘴脸？而“中国大妈”“中国大爷”种种行状，较之中青年有过之而无不及。

呜呼！《老子》曰：五色令人目盲，五音令人耳聋，五味令人口爽，驰骋畋猎，令人心发狂。

信笔记述至此，念及楝翁先生激励，便努力学习古人笔法如下：

尝闻沪上有京剧泰斗，设宴款待至交，嘉宾满座。泰斗晨起沐浴焚香，遣私厨绝早备食材，精心烹饪。至午时开席，捧出珍藏数年陈酿，菜肴仅一味：白灼绿豆芽。

妙哉，大道至简，真水无香。绚烂至极，归入平淡矣。

奉良知为圭臬

——梓山湖笔记之十二、十三

十二

己亥春节始于过小年日期之争的热闹。不南不北之武汉人，在微信群中边互相祝福边争吵得面红耳赤。民间有讥诮说话不靠谱的人之妙语：“信他的话，年都要过错！”而小年究竟是哪一天，靠谱的说法是，北方习惯过腊月二十三，南方习惯过腊月二十四。

记得母亲说法不同：“军三民四灶王五。”母亲乃北方人，来汉数十年坚持我家腊月二十三过小年。母亲谓，中原地带几千年战事频仍平民久经战乱，学会在战争与和平的缝隙中顽强生存，故与军人同日过小年。而灶王爷在军民都过完小年的腊月二十五上天，向玉皇大帝禀报民间善恶疾苦。是故，军民皆祭祀灶王，巴结它上天说好话。小年者，祭灶节，春节序曲也。

腊月二十三这天，余推辞了年前一切社交应酬，与家人往梓山湖小院，洒扫庭除，张灯结彩备年货。

院子露天的灶台敞锅派上大用场，烹鸡卤鸭，开油锅，炸了肉丸炸翻饺。顿时灶火熊熊，炊烟袅袅，年味浓郁。

这般隆重是余刻意主张，取悦孙子。余还驱车到镇街上买了一大包烟花焰火。在咸宁，城区也是禁鞭的，而梓山湖在城区外，不禁鞭乐坏了孙子。每晚肆无忌惮炸鞭放炮，春节是他的狂欢节。

民谚有云：小伢盼过年，大人盼种田。老夫趁年前几天难得闲暇，翻耕菜园，为花卉果木除草施肥，盘算来年的播种收成。忙碌之余心血来潮，专程去超市货架上寻找到杂糖、酥糖，憾未找到京果。夫人揶揄：嘴馋？余讪笑不答，心底却有一丝恐慌，年关怀旧，回味难已，廉颇老矣，尚能饭否？

按天干地支纪年法，每隔六十年过一个己亥春节。想六十年前余方四岁，是汉江汉口杨家河码头一个船夫之犬子。白驹过隙，倏忽间垂垂老矣！此生平庸，凡夫俗子，碌碌无为。所幸虽命如蝼蚁，却奉良知为圭臬，疾恶如仇，自视甚高。曾著短文《渡尽劫波本我在》，宣称在精神世界自由自在，直至如今在梓山湖小院自封为王者。

而六十年后的己亥春节，余已一百二十四岁矣。其中多少年头当为冥寿余并不在乎。向来不信种种养生秘诀，反感蛊惑的心灵鸡汤。须知考量生命的不仅有长度，还有高度、宽度和厚度。

除夕夜守岁祭祖，余躬身示范，令孙子以曾孙身份行大礼，向曾祖父母遗像三磕九拜，焚香举杯。礼毕，四野鞭炮声大作，除旧迎新时刻到了。余搬出一箱焰火置院子草坪中央，犬子点燃引信，一霍间火箭发射，飞珠迸玉。爷孙手舞足蹈，欢呼梓山湖小院灿烂的夜空。

十三

今秋桂子姗姗来迟。

院中桂树虽亭亭玉立却格外沉静，中秋节不闻花讯，重阳日亦不见桂子倩影。余难免心生惆怅，蹀躞于梓山湖畔，望穿秋水。

犹忆去岁中秋，“桂子月中落，天香云外飘”，小院盛满芬芳，浓郁醇厚。家人唯恐不谙风情的秋风将这芳华挥霍一空，便折了桂枝收藏，遍插客厅餐厅书房卧室，花瓶不够用就插在坛坛罐罐，连厨房卫生间亦成藏娇花屋。至春节前夕，插花枯萎，花絮落为粉齑，而余香仍绕梁不去。

余知今朝气候险恶，酷暑久旱虐待了嘉木。忧心如焚，勉力浇灌，祈盼桂子展现芳容，即使昙花一现，露脸略微一笑亦好。

己亥九月十五黎明，余早起洒扫庭除，忽然呼吸到院落隐约浮动祥瑞气息，感觉前院桂树陡添几分妩媚。近前辨看，果然枝叶中悄然冒出桂子青而白的头脸，虽微而不显，却密密匝匝，成串缀满，脉脉含情，一如处女犹抱琵琶半遮面。

又三五日，满树调皮的桂子便龇牙咧嘴嘻嘻哈哈绽放了，在微风中摇曳着，氤氲撩人心魄的奇香。原本端庄矜持的桂枝华丽变身，似天意专宠，独赐其一树瑞雪，又若日月偏爱，将光华尽洒一株，于夜露晨霜中凝成一树雾凇。如此玉扮银妆，当阳光穿透树冠，千丝万缕，狂蜂浪蝶，游戏其间，幻成仙境意象。

余心旌摇动，欣欣然如花痴，左顾右盼不够，索性执酒一杯，放浪形骸，醺醺然徜徉于桂君眉眼下胡思乱想。

寻思桂木许是世间最羞涩腼腆花卉，不似百花傲然枝头，张扬显摆，唯桂羞答答藏于枝叶底下，花瓣微薄轻巧，花蕾细如纤毫；相比群芳众声喧哗，桂子花语呢喃；一众花草争奇斗艳后疲态毕露，惨不忍睹，枯萎堕落，而桂子一边默默绽放，一边慷慨地将鲜嫩花絮挥洒……

花卉乃世间尤物，自有其品格。若赋予桂子人格，花魂现身，当愧煞多少俊男靓女？

王维诗云：“人闲桂花落。”余愚钝，难以参透诗中禅意。而隐居梓山湖小院几年，与世无争，乐于耕耘，手足胼胝，庶几接通地气，常得气定神闲，便能聆听桂子落地之声响，淅淅沥沥。

声音微妙，有如天籁。惊喜之余，闪念将小院桂雨拍个视频，分享到微信朋友圈。转念再想，罢了。如今朋友圈倒是奇葩花园，千奇百怪，应有尽有：搔首弄姿的，装嫩卖萌的，指鹿为马的，阿谀奉承的，愚昧恶俗的，凡此种种，乌烟瘴气。多事之秋，天下纷扰，不如远避，切莫亵渎了桂子的守身如玉。

余钦佩古人审美观，咏桂诗词不胜枚举。而张九龄的《感遇》，最堪反复诵读："兰叶春葳蕤，桂华秋皎洁。欣欣此生意，自尔为佳节。谁知林栖者，闻风坐相悦。草木有本心，何求美人折？"隐居山林磨炼意志的修行者，其铁石之心，亦崇尚美之真谛。此诗耐琢磨之处多矣。

其实桂树平凡，公园常见，路边时或邂逅。而在自家小院独拥有一株，朝夕相处，互为守护，在云诡波谲的秋日，多了一分坦然。近来独居郊野小院，家人皆在城里忙于生计。便不忍再折桂枝，只以一张宣纸覆盖桂下草地，承接桂子率性抛洒的美意，掬成一捧。去镇街酒坊沽得一坛土窑烧的五十八度谷酒，小心翼翼将桂花注入坛中酝酿，拧紧木塞，再以黄泥封闭坛颈。

待秋去冬来，寒意逼人时，余便开封，自斟自饮。或有文客访友，亦不吝捧坛分享：此乃桂子惠赠，宁饮一杯无？

一切生灵皆在修行

——梓山湖笔记之十四

阳春三月，又带学生往大洪山绿林寨实习。

绿林寨亦称两王寨，乃西汉末年绿林起义首领王匡、王凤建寨扎营的山头。自2016年迄今，余一年一度四番上山虚掷光阴，原来老夫这些年被剪径的山大王剪走了不少本该读书思考的时间，难怪愈加愚蠢了。

所谓实习，其实就是封闭写作。汉语言文学专业写作方向的学生，必须写出十万字的习作和三万字的毕业答辩作品，躲到深山老林来苦写。余作为创作指导老师，无非做些点拨批阅的事，也不多干扰学生。

学生整日搜刮枯肠绞尽脑汁，余倒是清闲，每日晨昏便在人迹罕至的山径漫无目标行走。于荒山野岭佯装野人，故意放浪形骸忘形忘事。偏偏脑筋不听话，不时冒出“云淡风轻近午天，傍花随柳过前川”“行到水穷处，坐看云起时”之类的诗句。

难免胡思乱想。近来如一团乱麻塞在

脑洞的，是群友对“读书人”群的诘问，尽管多是善意的。

问余最多的是：汝历经四载，三易群主，两更群名，却一朝夭折，做何感想？

余难免惋惜。故在几位群友再三鼓励下重邀“读书人”群，另觅谈资。

又问，何以不见群友中一些熟悉面孔？

确实，除一二早先主动离开者，“读书人”群尚未再邀原群友中一些故人友人，其中亦有与余过从甚密者。主要是顾虑如今加群已成负担累赘，恐打扰兴趣不大者。事实上，一些群友是私聊余申明要求留下的，一些是余慎重询问后才保留的。当然余承认有避免率性发言者授人以柄的考量。假以时日，余当拄帚迎迓仍怀旧的老群友。总之，“读书人”群不以亲疏取舍群友，而以旨趣探讨公约数大的聊天话题。

又问，汝鼓励群友晒个人作品，但是否会被其他群友轻视、忽视？

余认为没有必要顾虑。群友们看或不看你晒的作品都应理解。看的也多是浏览而已。文化快餐时代，连读经典也囫囵吞枣，而刷屏总强过尘封。晒出个人作品的意义更多在勇于发表。读者青睐新媒介自媒体而冷落传统纸媒已是不争事实，即便你的作品已在某个报刊露过脸，未必比晒在群里知晓的人多。

再问，自荐文学作品是否配图配乐更好？

悉听尊便。依愚见，图文并茂当然好，但是很多图文不符，效果适得其反。余不主张配乐，太过矫情反而糟蹋了一篇朴质真挚的文章。毕竟好文依靠文字的力量，凭借阅读的眼力。由此说到如今时兴朗读文学作品，窃以为偶尔为之可以，多了则有作秀嫌疑。与跳喧嚣扰民广场舞之大妈大爷相比，热衷朗诵确实文雅一些。但朗诵毕竟是一种文艺表演，与文学相去甚远。如果朗诵小说，那叫说书；如果朗诵散文，那像学生朗读课文。即便诗歌，它也是用来读的，不是用来听的。读是默读、轻吟，是解读、琢磨、感受语言文字的魅力。千古传颂的经典，凭借的乃意境、意象，而绝非无病呻吟。

群友还有一问，余几乎无言以对：汝如此认真，安知此群能聊多久？

顺其自然吧，岂不闻话不投机半句多？投机又如何？读书无禁区，话题有忌讳。如今群多多如蚊蚁，众声滔滔，垃圾资讯避之不及。但愿群友洁身自好，聊天如翻阅一册文学艺术、社科文史类有品位的杂志。

聊不下去了抑或不让聊了也无所谓，无非离群索居。

今日爬山寻一古庙遗址不得，唯见长天鹤唳，空谷泉鸣，恍若梵音。于是索性将满山日晖看作佛光，笃信一切生灵皆在修行。

山村吊桥桥头有文昌寺，几年前新建的，寺前有香炉铁鼎。寺门楹联上联照录了明东林党领袖顾宪成的名句：“风声雨声读书声声声入耳”，下联不知是谁杜撰的：“山色水色云霞色色色皆空”，虽与上联不可相提并论，却也是佛界行话。

寺门紧闭多年，余打听，文昌寺空有寺庙，并无住持或挂单僧人，甚至没有居士值更看守。可否与兴建文昌寺的东家商量，租借与余栖身，余以每日虔诚焚香添油拂尘卖力抵房租，做一天和尚撞一天钟。读经书也读闲杂书，还是一个读书人。

补笔：几度以更名重建方式维系的“读书人”群，前后历经“聊斋志趣”“梓山湖书院”“葫芦娃”时期，终究于2019年底因故群友失联。故翻拣出约两年前为更名写的这篇短文纪念之。

余烬化灰蝶

——梓山湖笔记之十五、十六

十五

岁末寒气逼人，冒寒邀几位文友去野村谷撰楹联，以便与《野村谷游记》一并完稿交差。余对诗联并无研究，幸好同行的小敖浆糊等人颇有心得，且有年轻女诗人翟锦壮行色。巧合诗人解智伟以微信发来近作《我就是一座孤岛》助兴，一路话题便与诗词联赋有关，冷冽中倒生出几分热闹的暖意。

解的诗像郑重其事的宣言："我就是一座孤岛/打坐在大海上/修炼自己的灵魂/其实，哪一个人/不是在孤独中终老一生。"诗人说他"替一只鸟啄食内心的寂寥"，以"一座火的石雕"自诩，愿"在海水里孤独地燃烧"……

解氏作诗，重抒情，亦宜朗诵，颇能感染文学造诣一般之读者。其实这些诗句式传统，句法略老套，料时下诗坛有些名气的新潮诗人看不上。

余也眼拙，反而看不上一些新潮诗人大作，自觉站队"一般读者"之列。看不上亦因看不懂、看不惯，感觉那些很出风头的诗，写得轻飘、空洞、晦涩、矫情，明明肤浅，貌似深沉。

或许新潮诗人会揶揄说，你就像没有音乐细胞一样没有对诗的悟性，幸亏你多少有点感觉，感觉空灵才是好诗。

诚然，解的诗太沉重，字字句句一如秤砣，忒实在，拽得紧，坠得重。

然而，唯其有分量，方能触摸到质感。

如今树上随便飘落一片叶子，可以戴在三个诗人头上当桂冠。恁多致仕尊长和得志才俊出口成章，令人佩服得五体投地，却不敢恭维那些应景取悦的旧体、新体大作。

诗者歌也，应是凝固之音乐，恰如记录心声之乐谱。解的诗断不无病呻吟，亦不“为赋新词强说愁”。其诗较真、率性，似乎童言无忌，又似乎老叟寅夜辗转反侧思索时的咳喘，语句从肺腑吐出来。虽然不是字字珠玑，却有粗犷雄浑的诗骨和苍凉的诗味。也有点生硬。诗人谓：“其实我很幸福/我可以用整个海沐浴自己的灵魂。”揣猜这种幸福滋味，大约是修行者在咀嚼一种意念。

某日，原《武汉青年报》一位老同事微信私聊问余：手头有无书评类短稿？余便将上面几段诗评转发给他看。他看后不说拙文好坏，却说不喜欢这种写法不中不西的诗句。余素来看重这位老同事的眼力和极恬淡简朴的文笔，却认为他对解诗的评价未必确当，须知如今一些自视甚高的诗人，写不出这般有质感的诗句。若说他的句式和语调学了西方风格倒是中肯。

野村谷归来，气候晴暖二日，抵近十二月底特殊日期，气氛复肃杀严峻。便回梓山湖龟缩于小院，温一壶黄酒驱寒。以《恶之花》佐酒。沉吟法国诗人波德莱尔的《人与海》：“海是你的镜子，你在波涛无尽、奔涌无限中静观你的灵魂，你的精神是同样痛苦的深渊。”

十六

梓山湖小院毗邻一座土山，余在后院开启一扇柴扉。穿过丝网篱笆墙，拾级而上，山坡有树木、芦苇，灌木葳蕤。小院临湖，坐落于湖滨半岛，步行十余分钟至湖畔，湖水浩浩汤汤。彼岸是远方田野，更远的远方是蓝天白云红日。诗和远方历历在目，可谓诗意栖居矣。

惜乎余虽乃一介小文人，却缺乏诗人之才气，偶尔心血来潮，搜刮枯肠亦憋不出几句诗文。今春带武昌理工学院写作班学生赴大洪山封闭写作，当了十几日山人，每日晨昏独自徜徉于深山老林，看巉岩绝壁，听鸟语溪鸣，恍然与世隔绝。忽然心生就此结庐不归之念，却又挂念梓山湖小院，惦记院中花草菜圃。嗟夫！回想当山人、做湖叟之前城市光景，不禁悲从中来，感慨系之，趁四野无人，浅吟低唱：

归隐固知百事了，几多意绪一概抛；
但憾英年未习武，白费胸中不平刀。
黄粱曾经谁无梦？蓬莱仙境有渔樵；
兹去忘却恩怨事，方寸之间任逍遥。

其二

四十犹惑一笨夫，五旬莫能知天命；
酩酊十载仍倥偬，不羡权贵慕哲明。
称心失意一念起，弄舟乘桴两难行；
宁歃我血祭夙愿，耻与宵小叙旧情。

其三

看人看戏看风景，熬生熬死熬筋骨；
眸中碧泓已干涸，心底暗河犹咽呜。
仗剑未允仗秃笔，栽花不开栽葫芦；
养活一团穷意思，自觉自在读闲书。

余自知这些句子在平仄上有待推敲，从韵律、意蕴上尚欠斟酌，然毕竟直抒胸臆，庶几慰藉吾心，便不再雕琢，录为《无题三首》，不揣浅陋，投给《参花》刊行了。

说来余写过几本小说、散文，此前从未发表过诗歌，如今突冒酸文，胡诌几句，未知是否落为笑柄。

其实余在青少年时代曾经狂热写诗。那时动辄写几十行长诗，写毕便唱诵，过目不忘，倒背如流，常引来同学围观、旁听。诗兴延至知青岁月，直至招工返城余兴犹在，恋爱季节和初为人父亦写诗纪念，抄录在一个厚厚的日记本里。二十世纪八十年代末某日，在不可抑制的悲愤与绝望中，猛然发觉那些所谓诗作的幼稚、浅薄甚至愚蠢，便于某夜至暗时刻，毅然决然自焚了那本青春之歌的记录，一任余烬化作灰蝶飞舞，仿佛在祭奠一颗少年诗心。从此不再写诗，开始通宵达旦苦写第一部长篇小说。苍天有眼，看到一颗死去的诗心化作《河祭》苏醒。有论者谓拙著是散文笔法，其中有些段落似散文诗，殊不知余是将心底苦吟的短句连成长行。

余陆续写小说、散文凡三十余年，期间任《芳草》文学编辑，审读诗稿无数，却始终不敢涉猎诗歌写作，总觉得写诗除了得有才气和激情，还得具备古代诗人的情怀，纵不似杜鹃泣血，亦应如春蚕吐丝，以消耗生命能量为代价。近闻有诗人竟能于玩乐间隙写诗千百行，这般诗才，岂不愧煞李白，气死贾岛？

便自叹少壮不努力，老大徒伤悲，捋华发，暗思量，多少也凑几行长短句，糊弄读者，敷衍自己。

凑巧，去冬余应邀为野村谷写游记，完稿后又受托为其亭台楼榭写楹联。余于诗联辞赋并不在行，便邀约文朋诗友任蒙、小熬浆糊、朱建林、翟锦，凭借大腕手笔。其中小熬浆糊对楹联素有研究，自己撰联之外帮助文友推敲字句。郑重起见，又将各位所撰文稿拿到余供职的学院，请中文系老师字斟句酌一遍才交稿，拟请几位书法家来书写。遗憾的是，因未谈妥润笔费，不敢劳动书家，作家的楹联也搁置了。

诸位所撰楹联各有韵趣，当年在群名为“读书人”的微信群分享了。

小熬浆糊为新建廊桥题名“霏微桥”，并为桥头两端撰联：

野霭浮廊桥，卅年遗梦犹缱绻

村烟笼阡陌，一谷萦思欲霏微

任蒙题荷池凉亭：

一池碧水摇荷影 半壑清风送蛙声

朱建林题听鸟桥：

凭栏看苍鹰 信步听黄鹂

翟锦题梅影亭：

芳亭拥玉树 倩影对梅花

余受小熬浆糊启发，又蒙学院老师指点，勉力撰了一幅长联：

千年胜迹，野村独好，聆白龙寺黄钟大吕，寻三隐书院问贤圣，登状元楼，瞻木兰山黛影朦胧，指点香枫树，太子桥上遥想，值村翁把壶说古；

万亩莽林，空谷唯幽，饮观音殿老井清泉，沿四面山门访英豪，闯烽火寨，瞰木兰湖波光潋滟，徜徉银杏林，楚樽阁里微醺，谒杜康执爵论今。

此联大致对仗，未敢言工整。好歹尝试过诗联辞赋，明白了诗家、词人头衔好听却不是那么好当的。

犹忆儿时折柳枝编桂冠，年少张狂，读过普希金的《致大海》，便誓言也要当桂冠诗人，却不知普希金视人格尊严重于诗名，不惧死于决斗。

且不论诗人，即便饱食终日无所事事之普通人，若不随波逐流，便自寻烦恼一生，甚者追求思想自由而痛不欲生。子曰："朝闻道，夕死可矣"，多数人却是身不由己，浑浑噩噩至死。悲剧如是，何来诗意栖居？

比如，梓山湖小院在旁人眼里或有几分田园牧歌意思，余却不情愿冒充诗人，宁可当一个终日戴草帽劳作的花丁田叟。

几年前情不自禁，写过一首十四行诗，未几日，揉碎扔进了字纸篓。依稀记得其中几句：

燃烧的目光已然阅尽人间春色

我从此只信仰女神的真谛

……

痛饮一杯野酿的胆汁烈酒

凝视一颗流星死亡的美丽

野湖

——梓山湖笔记之十七

自己亥岁末至庚子立秋，余避居梓山湖小院，任寒暑易节，晨昏更替，只管循时令播种耕耘，依阡陌寻觅湖畔山坡野趣，忘却岁月荏苒，不觉已大半年矣。

劳顿之余亦率性读写上网，不时刷屏浏览身外世界演绎悲喜节目，冷眼旁观种种荒诞不经的人间闹剧。近日留意一段微信视频，网红李子柒采莲藕摘荷花为炊，画面美不胜收。虽看得出编导刻意美化，却也逼真地表现了田园野居之朴质情趣。其实此视频去岁已广为流传，今网民不厌再看再传，足见纵然世风日下，世人皆乱了方寸，目迷五色，耳溺靡音，而人性终究尚存向往返璞归真的一面。

据悉李子柒凭借田园背景推销原生态农产品无不爆款，余却疑虑她和编导、摄像极力粉饰过的画面，非身临其境体验，终究临渊羡鱼不如退而结网。

李子柒表演的油炸荷花瓣，乃余餐桌家常菜。略胜一筹的是，咱家更将雪白的槐花串在面粉浆汁中蘸过，在油锅中煎炸成金黄的撸串。

槐花是去采莲时，顺手在湖边槐林捋的。捋过后远眺梓山湖浩渺烟波，巡睃辽阔的湖际线连缀曲折湖汊、平坦沼泽。浅水处野荷铺天盖地，无数荷花在烈日下似炫目火把，漂浮水面的荷叶于涟漪中如滚珠溅玉的托盘，而冒头露脸的莲蓬在高举的荷伞阵中随风摇曳，时藏时现，仿佛旋转的陀螺，火辣辣刺激湖畔观荷人的眼睛。这境界，远比李子柒采莲的种植荷田壮观。

一旁孙儿垂涎欲滴，余绾裤腿挽衣袖下水，蹚进荷荡，贪婪地搂得一抱荷花莲蓬。而起岸时已是落汤鸡模样，水草荆棘在胳膊腿上勒出道道血痕，蚊虫在头脸上叮出一串肿包，这般狼狈不堪，绝无美女李子柒的轻巧优雅。

翌日，顽孙嘱余执长竿挂铁钩再去采莲，终究鞭长莫及，收获寥寥。孙心有不甘，致电其父从武汉网购一艘充气橡皮舟寄来，配有双桨外另备电动螺旋桨。爷孙荡舟荷中，恣意采摘，堆满船舱。收获太多吃不赢，便熬莲子汤，晒莲子干。始知野莲滋味，不可与城市街头售卖之莲蓬相提并论。

野莲之外有野菱。原来立于湖畔望见的荷荡边际一片暗绿色不是湖藻，是藤蔓丝网一般半浮半沉的菱叶，捞起一根查看，四角野菱已长成蚕豆大小，假以时日，咱家采莲船便改成采菱船了。

野湖这般富饶，老夫也够贪婪，索性连湖水带湖泥，将湖景搬进两口大缸，沉入小院水池中。于是，小院锦上添花，十几只荷盘簇拥着三五朵荷花、两三支莲蓬，与漂在水面的睡莲互为观照，锦鲤游弋其间，引来青蛙和水蜘蛛。今夏，余夜间便枕着荷塘月色，闻着蛙鼓入梦。

梓山湖原生态资源之多，着实令余喜出望外，除已记述的竹笋、芦笋、艾蒿、菖蒲和水芹、地菜之类野味外，果树之多亦令人心满意足。

各户院落皆有一株枇杷树，人间四月天枇杷熟了，金黄硕果如插满一树冰糖葫芦串，早熟的在无主院子坠落一地。忙煞无所事事的童叟，满篮满篓往家里拎。新鲜的吃腻了，便熬枇杷膏，泡枇杷酒。

院落外杨梅树随处可见，此君姿态优美，树干于一米高处分桠，旁生枝节，树型若巨大盆景，伞状树冠遮天蔽日。杨梅成熟在农历五月，果实由青绿而浅红，渐次深红、紫红，密密匝匝缀满枝头，伸手可及，路人皆可享用。

各户庭院自成一个小果园，由着户主兴致选种不同果树。除常见的苹果、梨、桃、葡萄外，余留意巡视，看见石榴、柚子、柿、杏、枣和柠檬、樱桃……看得眼花缭乱，恍若进入花果山。虽说名花有主，珍果徒羡，而隔栏观赏，望梅止渴，未尝不赏心悦目。

余辛勤耕耘蔬果亦有新斩获，初种芋头，芋叶如观赏植物龟背竹。试将一个发芽的土豆切成四块埋入土中，春雨滋润后长势葳蕤，新土豆现挖现以清水煮熟，蘸以酱汁香油佐料，品质味道与市售土豆迥然不同。又学种秋葵，茎粗叶壮似蓖麻，硕大花朵围绕直茎开放，果实酷似青椒，层出不穷。

尤其得意培育成功几个大西瓜。买了四株西瓜种苗，两株爬藤开花结蒂。第一个西瓜长至皮球大时，以为是打瓜种已成熟，孙子催促摘了，切开却是生瓜蛋子，好舍（方言：便宜）了几只鸡鸭，它们倒是啄得起劲。第二个西瓜长到比篮球大了，瓜肚浑圆，拍之嘭嘭作响，抱回搁在茶几上观赏，不忍破瓜。奈何馋嘴孙吵闹不休，便吊在篮中沉入水井浸得冰凉，起篓开瓢，居然是沙瓤，乐得顽童龇牙咧嘴狂啃。

受李子柒烘烤荷泥叫花子鸡启发，余雇来泥瓦匠，在原有的柴灶旁拼砌了一个烘烤炉。又添置了篾筛、筲箕、簸箕。又托匠人去村庄谋得一个榆木砧板，厚如木墩，榆皮纹路紧密。去岁收获的葫芦已然风干，锯成葫芦瓢挂在井架上。夏日炎炎，当在菜地花圃劳作累了、渴了，便摇轱辘汲一桶井水，舀一瓢痛饮，再掬一捧洗脸，清爽凉快。

子曰：一箪食，一瓢饮，在陋巷，人不堪其忧，回也不改其乐。余可模仿，土里刨食，井水瓢饮，在乡野，人不堪其苦，余也不改其乐。或问：何所乐也?答曰：离群索居，远避红尘纷扰，无须敛衽逢迎名人权贵，毋庸看小人嘴脸，不屑听伪君子聒噪。忘却名利，自由自在，自诩庄主自封邑，岂不乐哉！

湖外走笔

建林

怀念黑暗

一

中年以后，我莫名地开始怀念黑暗。

这或许令人疑惑。而我却疑惑世人的看法，质疑“黑暗”这个贬义词的属性。

古人云，“世无仲尼，万世如长夜”，虽武断却也精辟。然而，按照逻辑反推，长夜的黑暗是造就仲尼的前提。正是在漫如长夜的乱世中思考，才诞生了伟大的思想家、哲学家孔子。同理，那句广为流传的诗“黑夜给了我黑色的眼睛，我却用它寻找光明”，不也承认眼睛是黑暗赐予的么？

黑暗与光明，原本是一对兄弟，或是一个如蜗牛般雌雄同体的循环构造。没有黑夜，何来黎明？没有黑暗的衬托，何来光明的炫耀？

如果说白色是原色，那么黑色就是本色，甚至是母色。

往生物起源上说，黑暗是土壤，人类生命孕育过程便是在母腹的黑暗中。神秘的大海深处有无数已知、未知的生命，而深处暗无天日。人的三分之一时光刻在休眠的黑暗中。某些动物冬眠的黑暗过程更漫长。

穷究下去，死与睡是一对兄弟，睡是假死，死是长睡，黑暗是他们庄重的大氅。无视黑暗，漠视黑暗便是搅扰睡、亵渎死，显然愚蠢而无知。休养生息以黑暗为依托，在黑暗的庇护下生死相依，才能生死循环，生生不息。

二

本能地畏惧黑暗只是人性的一面，另一面其实是依赖黑暗的。

记忆中少年时代的黑暗是一种神秘意象，浓稠如外婆的很酽的一碗红糖茶，黏滑如父亲在书案上耐心研磨的一砚香墨，厚实如绚丽的舞台上开幕闭幕的黑色金丝绒幕帷。那是一种静谧的黑暗，营造万籁俱寂的氛围，听得见一根绣花针落地的声音。

当然，当黑暗还只似一层薄纱飘来时，免不了有些担忧、恐惧。狼外婆的故事已经唬不住一天天长大的我们了，接着听的故事是女鬼把头颅搬下来搁在膝盖上，用一把骷髅牙床梳子梳理她的满头青丝。而惊悚过后便是月桂和玉兔的童话，是大海和摇篮的梵音，是蛙鼓虫鸣，是天籁神曲。这一切是在伸手不见五指的漆黑的夜色中进行的。当白炽灯拉线开关咔嚓关闭，如潮水漫灌的黑暗是温馨的。尤其冬夜的黑暗是多么温柔宁静。我们从耳际和眼皮子底下坠入梦乡了，白日所见所闻、所吃所喝都成了养分，少年在黑暗的滋润下悄悄成长，一如拔节分蘖的芦苇。

那种黑暗是多么安全，多么值得信赖呵。

如果当年的黑暗是天机云锦织成的黑绢，如今只能痛惜它那绫罗绸缎般的纯质是再也找不到了。

不知从什么时候开始的，人世间已然失却一种纯粹的黑暗。即便是深夜，即便在私密的卧室，灯光已无孔不入地侵袭了静如处子的黑暗。哪怕关闭了室内所有光源，仍有多种电器光刺在闪。你可以气恼地拔掉所有电源插头，可插座上还有磷火般的荧光，直射的、反射的，无处不在的像鬼眼在眨。

还有几层厚窗帘也遮挡不住的室外灯光，尤其天上地上机车的轰鸣声挟裹的似有似无的潜光，令人无可奈何。

于是我有一种被剥夺的感觉，享受黑暗原本是天赋人权。便有一种绝望的愤慨，愤慨之余是哀叹，光亮怎么反而使花朵黯然失色？光亮怎么反而泯灭了人性的光芒？

强光、泛滥光成了世间主宰，谁也无可逃遁。那种一根火柴划破黑暗，一灯如豆点缀黑暗的情景，成了美好回忆。

三

黑暗也有味道。如果说阳光的味道如麦香，则黑夜的味道如幽兰。

乡愁如今成了时尚热词，其实它是个浸透了体味和土腥味的词语。怀念故乡的人，并不仅仅是进城打工者和莘莘学子之类漂泊一族。回不去故乡的，在生于斯长于斯，世代栖居于斯的城市土著中，大有人在。因为故乡在本质上是精神栖所，是自然自在自由的乐园，它只可能存在于遥远的天真少年之乡。

于是所谓乡愁就是一种怀想思念，千丝万缕，化作无尽的回忆和向往，灵魂出窍，企盼挣脱躯壳，梦游心中的故乡。

人生旅途上，所有人都是流浪者。只是乡愁不同，缘于际遇、心路不同，各怀心事，有的想探望恩师、诤友、发小，有的想看一眼青梅竹马的初恋情人，向故人倾诉，感恩或忏悔……

而回得去故乡的唯一途径就是记忆。所谓记得住乡愁，就是静思、怀念、冥想、反省。说白了，就是穿越，穿越传说的时光黑洞。这个黑洞是科学描述的，也是虚幻的。凡夫俗子不可能进入时光黑洞，只能借助黑暗，慢下脚步、静下心，指望黑暗躲避纷扰，思考一番。这不是故作深沉，是聆听内心深处的呼唤。

可是当代人希望寻找一片黑暗已是奢侈念头。

生态恶化，污染肆虐的现象之一是城市的喧嚣。很多人都抱怨噪声污染已接近生理忍耐的极限。在我看来，噪声污染是从光污染开始的。那些噪声与乱光如影随形，恰似狼狈。科技发明灯光照明的初衷，原本是设想像北斗、灯塔一样方便人们的生活，如今却适得其反，混乱的光照成了破坏黑暗、迷乱眼睛、晕眩神态的讨厌光怪。

不懂黑暗，也就糟蹋了光明。那些奢靡无度的人造光亮恃着奇技淫巧，却亵渎了自然界的色谱。比如，缺德地给树木花卉通电扎灯，无异于粗暴的绑架和强奸。

即便在农村，恐怕也难得觅一弯明月、七星拱斗的朴质的黑暗了。

难怪现代人回不去故乡了。怀念故乡首先得怀念黑暗。我日益觉得这是一种刻骨铭心的怀念。

鲍照台怀古

一

清明时节，鄂东匡山山麓梯次层出的油菜花已开得炫目醉心，而东冲山山谷飘忽回旋的料峭春风也冰凉砭骨。在这个温馨多情而又令人冷静的季节，我作为一部筹划中的电影的编剧，随制片、导演、摄像一行来到匡山风景区，踏勘外景拍摄地。而我心中的目的地是东冲山一尖峰，去寻访向往已久的鲍照读书台。登山途中，触景生情，自然联想到孟浩然的诗："人事有代谢，往来成古今；江山留胜迹，我辈复登临……"

读书台下说读书，痛感书到用时方恨少。我不掩饰自己浅薄无知，过去一直把耳熟能详的"旧时王谢堂前燕，飞入寻常百姓家"中的"王谢"误读误写成"王榭"，想当然理解为"帝王的亭台楼榭"。近年因习字而读诗写诗，才偶然发现读写错误，"王谢"是当年贵族大姓。更惭愧的是，关于古人读书处，只知书斋和书院，全然不知还有读书台一说。

行前心虚，上网百度了一下，才知真是孤陋寡闻。原来天下有名气的读书台多达六处。前五处是：董仲舒在德州广川门的读书台、昭明太子萧统在襄阳的读书台、顾野王在亭林的读书台、段文昌在川西龙华寺的读书台、尹和靖在虎丘的读书台。这第六处便是我们今天正登临前往的在东冲山第一尖的读书台，位于大别山东走支脉，地处古浔阳苞兴，今湖北武穴，历朝历代地名变更苞兴、永宁、广济等多种称谓。此地乃三省七县通衢，而读书台远离市井喧嚣，隐藏在深山老林。

北魏一个未致功名的年轻书生，为何不投奔京师名门却隐身高山密林苦读？千余年后，明朝的张元爵曾为鲍照读书台作长赋，其序曰："照……选胜搜奇，筑台东冲上，以为游心坟素区。"明明是隐居读书台，何以反而名闻天下？

登山之路犹如朝觐，未抵鲍照读书台，心中有许多迷惑猜疑。

二

我的心路先于步履走到距今1600年之前。

鲍照，字明远，生于公元412年（北魏道武年间），山西太原人，幼年随父迁居东晋（江苏）。他出身寒微而自幼聪慧过人，少年时便立志行万里路读万卷书。公元432年春年方二十的鲍照辞别父母，游历名山大川，至浔阳苞兴（今湖北武穴）东冲山一尖峰，寄居妙严庵，每日清晨便登顶山巅忘我读书。

查清康熙六年（1667）《广济县志·古迹》：读书台在东冲（山）第一尖（山顶）。同年，《广济县志·艺文》记载有广济明末三良之一刘养微所著大量诗文，其中一首《游东冲山·其四》诗云："鲍子读书处，危峰坐翠微。六朝孤石老，千载到人稀。衡岳通元气，匡山对落晖。登台重回首，怀古一沾衣。"又有明末清初广济名士张仁熙作《鲍照读书台记》，文中除概述鲍照读书台千百年春秋，还逐一罗列史上五大读书台做对比，将鲍照与董仲舒、萧统、顾野王、段文昌、尹和靖五大鸿儒相提并论，足见历史公认鲍照的学术地位，鲍照读书台的文史价值。

史载毕竟语焉不详，民间传说的佐证更生动。那鲍照20岁时布衣褐巾旅行到浔阳，某日，他在东冲山七大山峰间跋涉，"行到水穷处，坐看云起时"，陶醉于周遭景色，于冥冥中感知一种召唤的力量，认定这里就是走遍千山万水苦寻不得的清静绝佳的读书好地方。这时他忽闻梵音，四顾巡望，见不远处妙严庵香烟缭绕，众僧诵经如天籁之声。他便就山涧沐浴更衣，进寺庙拜佛谒神。他虽衣着寒酸，一身穷骨头却支撑起轩昂仪表。寺庙住持慧定一眼看出此人非等闲之辈，两人一见如故。

慧定真是慧眼识英才。这位长老年轻时跟随师父由建安（南京）云游至此，师徒分道扬镳。师父继续西行，去香火鼎盛的佛道名山武当修行，他则留在一尖峰结庐修行化缘，一砖一瓦建成妙严庵，凡五十年香火传承不绝。他渡人渡己，普度众生，如今他要渡一位少年才俊。

鲍照在慧定的禅室聆听一番禅机，认定慧定道行高深，文德武功非凡，当即叩首拜师。慧定允诺以居士收留他，可不念经，不受寺院清规戒律束缚，每日自去寺外觅清静之处读书。

妙严庵建在一尖峰南面山腰，山门处一峰独立如筑台祭坛，南临悬崖峭壁，山下风光一览无余。崖顶平坦光滑，又有巨石围拥如屏，恰如鬼斧神工凿就石室石案，这便是鲍照翻山越岭、披荆斩棘觅得的读书台。

三

自此，鲍照凭借读书台发奋苦读，博览春秋、战国、东汉、西汉、东晋、西晋群书，举凡诸子百家，天文地理，尽收囊中。明朝张元爵的《鲍照读书台赋》对鲍照潜心研读情形有生动描绘："于是曳轻裙，岸巾帻，携尘尾，著蜡屐。拾级而登，冷然坐石。列周孔之图书，展羲皇之坟籍。旁涉猎于庄骚，时渔佃于更册。乃支颐而讽诵，旋锐心以寻绎。罗万轴于心中，信开卷而有益。"

鲍照读书如痴如迷，皓首穷经，终至学问博大精深，名声日隆。当朝文人谢灵运（385—433）、谢延之（384—456）慕名前来访问，三人便在读书台交流研讨，在高高的筑台之上清谈，雅诵，激辩，每有真知灼见，名震东晋、北魏文坛，史称“元嘉三家”。

鲍照发聩震聋的读书成就，体现在他的卓越著述上。张元爵的《鲍照读书台赋》对此也有绘声绘色的描述：“有时浏览既周，吟兴感触，泼墨成扶风之歌，拂纸著萧史之曲。吐哀音于芜城，抽藻思于舞鹤。得景阳之俶诡，含茂先之曲缛。姿雄浑以凌颜，性沉挚而轹陆。洵怒潮以回谰，自敲金而戛玉。”他拟诗，作赋，填词，才华横溢，自成一家经典。后世评价，自汉乐府以后，他是唐诗鼻祖，是诗仙李白、诗圣杜甫佩服得五体投地的先师。

就是在鄂东东冲山一尖峰读书台，鲍照创作了代表作《拟行路难》十八首，篇篇佳作，字字珠玑，传诵千古读来仍意味深长。

首篇《拟行路难·其一》举纲张目，高屋建瓴：“奉君金卮之美酒，玳瑁玉匣之雕琴；七彩芙蓉之羽帐，九华蒲萄之锦衾。红颜零落岁将暮，寒光宛转时欲沉。愿君裁悲且减思，听我抵节行路吟。不见柏梁铜雀上，宁闻古时清吹音？”浅读感觉辞藻华丽，意象繁美，深读领会破题自然，发问警醒，反复吟诵，便怡悦其文采斐然，体悟其意境幽深。

《拟行路难·其四》深切主题："泻水置平地，各自东西南北流。人生亦有命，安能行叹复坐愁？酌酒以自宽，举杯断绝歌路难。心非木石岂无感？吞声踯躅不敢言！"默读鲍诗，沉吟再三，一颗心揪得紧紧。诗人对当时门阀社会的不满和怀才不遇的痛苦溢于言表。我仿佛看到读书台上鲍照掩卷掷笔，仰天叹息，脸上写满报国无门的愤懑和理想幻灭的悲哀。

鲍诗艺术风格俊逸豪放，奇矫凌厉，直接继承了建安传统。再读《拟行路难·其六》："对案不能食，拔剑击柱长叹息。丈夫生世会几时？安能蹀躞垂羽翼！弃置罢官去，还家自休息。朝出与亲辞，暮还在亲侧。弄儿床前戏，看妇机中织。自古圣贤尽贫贱，何况我辈孤且直！"这一首转换成纯乐府体，已是激愤之作，读来如见其人，如闻其声。

通读《拟行路难》十八首，深感诗人激情澎湃，一抒胸臆，酣畅淋漓。油然联想《胡笳十八拍》，联想《蜀道难》，联想如泣如诉的戏曲，如歌的行板，响遏行云。愤怒出诗人，鲍照目睹世事艰难有感而发，袒露不平之心，其思想内容与题旨高度契合，难怪当年广为传颂，共鸣强烈。

《拟行路难》是乐府诗，乐府诗是唐诗宋词之前中国诗歌的第一个巅峰，乐府诗朴实清新，零距离接近民歌民谣，远离赋的华而不实，为市井百姓喜闻乐见，胜过后来逐渐成为文人孤芳自赏之作的诗词。而鲍诗又是乐府诗中上乘之作，其形式有三言、五言、七言和杂言，立意深沉含蓄，意境清新幽邃，语言容量大，节奏变化多，辞藻华丽流畅，抒情淋漓尽致，对后世影响甚远。鲍照之后，唐代声名鹊起，群星闪耀的诗人如李白、岑参、高远、杜甫，他们的诗风诗骨都遗传了鲍照的基因。如杜甫的三吏三别，其忧国忧民之心，几与鲍照一脉相传。

谒鲍照读书台，读鲍诗，始知史记鲍照上承魏晋风骨，下开唐宋先河的依据。

四

由造就鲍照的读书台，联想到造就无数先贤的书院。古人的读书台好比是为天才量身定制的精神王国，是天马行空，独来独往的御座；而古人的书院则恰似俊杰群体的自由联邦，是银河遨游，流星闪耀的星座。

在鲍照读书台周遭，鄂东蕲州（今蕲春县蕲州镇）、黄州（今黄冈市）书院星罗棋布。历经百年以上岁月考验的，就有大林书院、墨庄书院、金陵书院、阳明书院、沧浪书院、子贡书院、黄州书院等十几家。书院是文人深造的学府，相当于今日的大学。而书院的自修反省，师从授受，访学设坛，训诂辩理，今日的大学已不能及。书院讲究修身齐家治国平天下，学有专攻之外，兼及琴棋书画、赋诗填词，造就全才、通才，致仕后往往是国家栋梁或文坛巨擘。

许是有鲍照读书台和鄂东书院群这样人杰地灵的“风水宝

地”，故鄂东古今大师级人物层出不穷，多得令人惊讶，觉得不可思议。远古的先贤且不论，明清以降，除了医圣李时珍，名声、著述、医道不相上下的还有两朝御医万密斋，鄂东神医杨际泰。清末有上书光绪的翰林编修周锡恩。现当代大师级人物粗略统计便有：孙纪、居正、黄侃、聂绀弩、废名（冯文炳）、熊十力、李四光、冯天瑜、张培刚，等等。其辉煌成就涉及社会科学和自然科学、人文艺术各个领域。尤其京剧泰斗余三胜和本焕大和尚，更引领国粹艺术和宗教巅峰位置。他们其中多数都是各地书院的学长和少年才俊，由鄂东访学交游中华各地，有的负笈远洋，学成归来。

如此，不免要问今日高等学府不及当年书院，更远逊于读书台的原因。当然不是简单的师长无才无德，学子愚顽不用功，是积弊已久，沉疴日久。至少，今人普遍缺乏古人潜身沉心，笃定虔诚的心态作为，难舍红尘名利诱惑，耐不住做学问的清苦寂寞。今人聪慧未必不及古人，不及的是志趣、性情和信仰。

且不论当下争议纷纷的中国高等学府的得失，如今中国人普遍不读书现象已是可以运用大数据详细分析论证的不争事实。读书是需要有信心的，我认为重拾读书信心必须有信仰的力量支撑。而白岩松说，坚持读书，总可以读出一些信仰。这就陷入了悖论的困境。

我也是读书时间、数量每况愈下的中国人之一。我忽然觉得自己像一个困境的囚徒，背负着沉重的惶惑和希冀，一步步走近鲍照读书台。

五

东冲山山脉连绵起伏，耸成七座主峰，直刺青天。一尖、二尖……的峰名，显然源自土著山民的形象叫法。当我们的车队沿着盘山公路爬上一尖峰终点时，已临近暮色苍茫时分。而空谷贯穿回荡的山风呼啸而上，其势愈烈，使此番登临谒拜陡添肃穆行色。

鲍照读书台的准确方位在一尖峰山坳南面一峰独自兀立的崖顶，东、北、西三面为群峰怀抱，南面豁然开朗，仰视远眺天际长江，俯瞰广济梅川田畴村庄。沿石阶拾级而上时，心中似有疑虑，张望环顾四周，荆棘藤蔓攀爬的山岩上只见碗口粗的杂木和毛竹，不见大别山系处处葳蕤葱茏的苍松翠柏、银杏老槐和古杜鹃林。这里已不再是深山空林，植被是砍伐后的次生林。

终于登上崖顶，终于来到鲍照读书台，眼前景象却令我一度失望：没有石碑铭文，没有鲍照的履痕笔迹，没有历代文人骚客刻石题诗，没有石案石器，甚至没有凭栏驻足之处。仅有的只是在石坪地上辨认出的“读书台”三字，字痕笔迹历经风吹雨打，已经磨损剥蚀得模糊不清了。石坪左右宽不盈丈，前后进退不过数尺，南面悬崖峭壁，北背一块石屏已经倾圮坍塌。石屏一侧裂缝似一摞书籍的岩层还插在那里，任野草棘刺侵袭缠裹……鲍照读书台的荒废凋敝情状与古人诗云“山鸡啼彻九天闻，万仞芙蓉五色云；台下青青书带草，至今人识鲍参军”相去甚远。

据史志记载，千百年前鲍照是在崖顶“筑台”读书的；百十年前，后人是在读书台上构造了石亭的：“清乾隆年间，有台榭建筑，四方石柱，鼎立台榭，八面景致，尽入台中”。如今四方石柱的筑基凿印尚在，可见两个寸许深的方石槽孔，另两个压在倾覆的石屏下。而那些石柱石栏、石檐石瓦，连同亭内必有的石案石几、石砚石鼎，统统荡然无存。可能毁于天灾兵燹，也可能毁于人祸洗劫，连同那些伴随的千年古树化为灰烬了。现在这里不过是遗址的废墟。

而失望过后，又觉得鲍照读书台状态如斯也好。唯其倾圮荒废，更显真迹难得。比起各地真真假假、半真半假、以假乱真的所谓历史遗迹、人文景观，鲍照及其读书台无须勒石摩崖，自在历史的时空永垂不朽。没有修饰的鲍照读书台更堪后人凭吊。

我在读书台石坪上席地而坐，闭目冥想，想象当年鲍照在此苦读三年的情形。虽说崖顶有无限风光，戴日月星辰，披四季景色，游目驰怀，清静自在，但毕竟前临深渊，后据石屏，坐立腾挪空间极其有限。这种自律苦读需要多么坚定的意志，何等顽强的毅力？我仿佛看见他每日埋头伏案，挥毫扼腕久了，倦了，便起身止步于悬崖边上远眺，仰俯之间，天上人间尽收眼底。他旋即转身踱向石屏，面壁打坐，按慧定师傅传授的秘诀气沉丹田，打通任督二脉。然后打腹稿，在胸中构思他的壮丽诗篇。

其实石屏就是一堵石壁。即便转过身来，面对危崖，不能越雷池半步，依然如一堵无形的石壁。鲍照每日都在面壁。参禅悟道者所谓面壁十年图破壁，鲍照是凭借他的文胆诗心破壁的。

公元435年，由苞兴县县令举荐，鲍照离开读书台参军入伍。朝廷封他为“前军参军”，掌书记印，史称“鲍参军”。此去军旅生涯竟长达21年。幸亏史载他练过武功，还有一身硬骨架。无论鲍照是托请县令举荐还是被举荐，他的无奈和不平，他为生计所迫为妻儿家室担当，他的报国报民之心和扬名立万之抱负，都是可以理解的。只可惜难为了一个大儒大诗人，整日价戎马倥偬。最令人痛惜悲哀的是，公元466年，一代天才鲍明远，不幸受害于乱军刀枪，殁日54岁，正值英年……

凭吊至此，我接着默吟孟浩然那首诗的后半阕：“……水落鱼梁浅，天寒梦泽深；羊公碑尚在，读罢泪沾襟。”

吟罢意犹未尽，胸中仍有块垒未消，便在心底嘶喊着唱读陈子昂的《登幽州台歌》：“前不见古人，后不见来者，念天地之悠悠，独怆然而泣下。”

虎皮鹦鹉

虎皮鹦鹉个头只有麻雀大小，名字叫得威武是因为它的羽毛纹路色泽很像壮美傲人的老虎皮毛。这种以高贵的蓝颜、生动的绿彩为本色的飞禽确是鸟中尤物。个中还有羽翼花纹似云朵的谓云斑鹦鹉，又有白化或黄化的称珍珠鹦鹉、蛋白鹦鹉……虎皮鹦鹉又名娇凤，溢美之名多矣，皆因小精怪长相太抢眼夺目，美得令衣冠楚楚的人类自惭形秽。那小东西不施粉黛，素面朝天，却害得多少精心打扮的美女自叹弗如而黯然神伤。

我这么夸奖虎皮鹦鹉，不仅是相貌，还赞许它们的性情习性。它们的心灵之美，简直可以与忠贞不渝的恩爱情侣、担当责任的大丈夫和无私哺育的母亲相提并论。

我养虎皮鹦鹉成功养活到第三代，见证了一对鹦鹉生儿育女，雏鸟展翅恋爱结婚，鸟孙子问世与祖父母比翼嬉戏的全过程。

鹦鹉用情专一，纵使身边多有俊男靓女，一对情侣也心无旁骛，只对原配忠心耿耿。小两口也够黏糊的，大庭广众众目睽睽之下，兀自耳鬓厮磨，缠绵悱恻。即便食罐近在雌鸟喙下，雄鸟也要大献殷勤，自告奋勇帮雌鸟去啄食。鹦鹉食粟谷，像嗑瓜子一样一粒粒啄着吐谷壳。我曾试着直接供给粟米，它们反而不领情。只见那雄鸟努力点头啄了十几粒，便去嘴对嘴给雌鸟喂食。雌鸟受用了便奖赏雄鸟，主动为雄鸟啄洗羽毛。雄鸟很享受地听任雌鸟耐心地啄点绒毛，衔着羽根仔细梳理，表情陶醉，并得寸进尺地将自己的喙难以够到的颈脖、后背凑到雌鸟喙下，憨态可掬。

最有趣的是它们做爱。暮春初夏时节，虎皮鹦鹉发情了，蜜月期长达半年，足以任它们爱得忘乎时光，缠缠绵绵到天涯。那哥们示爱时，那姐们便乖巧地蹲下去伏低了身体，方便他跃上她的背，他压尾，她翘尾并将尾翼摆向一边。你眨巴眼睛还未看清楚，人家已经不客气地完成了交尾动作。虽说也是赤裸裸的交媾，呈现的场面却不庸俗，甚至高雅曼妙，极具美感。你想想，人家不用脱得赤条条一丝不挂，依旧是矜持的华衣盛装。取上位的雄性以征服者的姿势高傲伟岸地屹立着，取下位的雌性以背负生命种子的姿态欣慰满足地卧伏着。于是，两团美丽的化身融合一气，组合成一团令人惊艳的美好意象。

它们做爱一场虽然短暂，却可以连续做三五次，做得酣畅淋漓，足以挥洒激情，满足快感。尤其是雌鸟，同为禽类，与母鸡被踩水时淡漠、心不在焉，有时还要狠啄一口从它背上滑下的公鸡决然不同的是，当雌鸟驯服伏身的片刻，羽毛霎时格外柔顺光滑，双目迷离微闭。我分明看见了它眉眼间荡漾着陶醉的笑意，不禁联想到脍炙人口的《长恨歌》中精彩诗句：“回眸一笑百媚生”。

做爱播下了生命的种子。鸟笼上方筑有鸟屋。雌鸟产蛋后就像个恪尽职守的母亲孵在羽翼下守护，日夜不出鸟屋，哪怕饥肠辘辘也绝不离开片刻去进食。这时，雄鸟给雌鸟喂食的意义就不是示爱邀宠了，而是一日三餐的厨师、送餐员、保姆和奶瓶，任劳任怨一直干到雏鸟破壳。而且儿女诞生了也不歇气，继续帮着雌鸟轮流哺育。

第二年，小鸟翅膀硬了也懂得男欢女爱了。那对老情侣并看不出老相，依然我行我素，长相厮守。

虎皮鹦鹉并不学舌。它自然没法与黄莺比歌喉。多数时间它是安静的，默默立在枝头，像个标本，像一幅画。而在无人注意、无人倾听的时候，它们却活泼泼、脆生生啼唱起来。我躲在一旁聆听，似说似唱的鸟语当然听不懂，唯其听不懂，更显奇妙神秘。我想，这就是所谓天籁之声吧。

我并不将虎皮鹦鹉看作宠物。我从不觉得它们是打发无聊的玩物，而是每日阅读、写作、遐想生活的一部分。养鸟也需付出心血代价，几乎每天都必须清扫一遍粟壳和鸟粪，每周都需去采购一次新鲜粟谷。我捍卫它们生命的尊严，它们给我以审美具象，甚至，它们引渡我到精神境界。

这绝非矫情。我出身于平民家庭，我的兄弟姐妹中，也有当过小学校长、中学书记的，不过我可能是钱氏家族中当得最大的“官”，居然混到了县处级。这委实是个误会。以我的个性，较真、实在、自尊、疾恶如仇，不愿打官腔说假话、套话，不会见风使舵，反感形式主义。我自以为，以我的良知和学养，当个刊物主编还是绰绰有余的，毕竟我从学生时代起就长期担任学生干部，知青岁月还是学生领袖角色。孰料在特定官场生态下，我这号笨人当个单位行政一把手，如临深渊，如履薄冰,这不是活受罪吗?每当我郁闷、沮丧、急躁、愤慨的时候，冥冥中总能感应到鹦鹉的召唤。我竭力控制情绪回家，我的鹦鹉像参透世事的长老憩然淡然迎接我，左顾右盼似在审视我的失态。不知从何日开始，我发现，我能与它们用眼神交流了。那碧泓里两枚珍珠般的眸子，有光波如静电辐射我的心胸。心灵感应令我冷静自省，渐而坦然、超然，步入自由自在境界。恍然中，我以为它们是神鸟。或许鹦鹉真是天使也未可知。

这世道，谁不好色？无论男女、无论贫富，皆目迷五色。我承认鄙人也难逃是个好色之徒。戏谑地说，可叹无权无钱无胆去猎色，只好弄一对艳丽的精怪圈养起来，色眯眯欣赏。

而我要尊重地说，如果我曾经暗慕过哪位女神，宁肯她是虎皮鹦鹉。

病树

南方的树真是婀娜多姿。

仅一棵榕树就令人怦然心动，浮想联翩。挺拔丰腴的树腰，浓密葱茏的树冠，千丝万缕气根静垂轻飘，姿色足以倾城倾国。谁说独木不成林？一株伟大的榕树，一旦气根接地通天，便蘖生出无数株儿女般新秀，蓬勃葳蕤，蔚然成林，华盖遮天蔽日。

椰皇的伟岸也不由得人不瞻仰。明明是长相一模一样的椰树却高傲地不结椰子。据说这是公椰树，长得更高挑，母椰树得到它的青睐才开花结果。

凤凰树之美堪称惊鸿一瞥。令人猜疑古人所谓玉树临风、树影婆娑、金枝玉叶之类褒奖词都是为它生造的。轻风荡漾中，一羽凤凰枝叶宛若一尾孔雀开屏，而一株凤凰树仿佛传说中的神鸟翩然而至。而且它艳而不俗，清一色绿得发蓝，纯粹、清爽，那种高雅气质，让衣冠楚楚的人类自惭形秽。

……

我在南宁街头公园徜徉，观赏仪态万

方的南方树木。赏心悦目之际，一株病树赫然入目！我几乎不相信自己的眼睛，这是一株吊瓶的树。是的，就是我们这些人在医院输液打点滴的吊瓶。树干上吊了三个塑料药瓶，缠着纵横的塑胶管，一如重症病人身上插满导管。

我看得讶然发呆。显然这株树病得不轻，枝叶萎靡，靠瘦骨嶙峋的躯干强撑着。这一定是棵名贵树木，园丁在努力救治。但我疑窦顿生，疑虑多多，关于病灶、病因、预后、代价等等，正如面对一个重症病人立刻想到的问题。

车水马龙的街头，巴掌大一块地方，集中了这么多珍稀树木，固然满足了我等人类一饱眼福，然而它们是土著吗？如果是乔迁者，迁徙尊重过它们的意愿吗？背井离乡，流落人间是否水土不服？

不是我爱发牢骚，这些年来，关于大树进城，行道景观树背后隐藏的景象，呼吁刀下留树的故事太多。

树木原本有顽强的生命力。我两次去新疆，游历了南疆北疆，两次都顶礼膜拜胡杨。我面对胡杨发呆，戈壁滩上，天地之间，胡杨一千年不死，死了一千年不倒，倒了一千年不腐。当地人告诉我说。

即使倒下了，一棵横列的胡杨，或者哪怕是一截斜插的胡杨枝，都是一尊天然木雕。苍穹下，大漠上，马鸣风萧，孤烟夕阳，倒下的胡杨铁骨铮铮，它生命凝固的造型，从任何角度看都是一种象征，一种寓意。

难道能把活着的或者死去的胡杨迁移到城市来提升城市形象吗?

如果说胡杨的例子太极端，那就谈谈普通平凡的树木吧。在我的乡愁里，汉水之滨城乡遍植杨柳，寻常百姓门前屋后，阡陌闾巷街头巷尾，随处可见。杨柳亲民且耐受力极强，除了遮阳挡雨，还任由大人攀折小孩攀爬。编柳条筐，编柳帽，拽晒衣绳，荡秋千。哪怕折腰断桠甚至电灼雷劈，杨柳不屈不挠，春来鸣条万千，夏至遮阴一片。蚁穴蝉蜕或者讨厌的毛毛虫，都是孩童鲜活的玩具。

如今杨柳都在城里消失了。试问园林主政者，难道将土著杨柳赶尽杀绝，是为了给南橘北枳圈地皮吗?

为一棵病树吊瓶精神可嘉，但其实死一棵树也没什么大不了的，哪怕是名贵珍稀树木。抢救黄山迎宾松无须大惊小怪，炒作之下，过去质朴好客的黄山主人而今变成笑容可掬的迎宾小姐。

植物自然死亡天经地义，病树前头万木春。媒体总是片面报道世界各地森林火灾，夸张为浩劫。其实一场适度的天然大火是森林世界的生命轮回。毋宁说森林之火是赐予生命的血与火的洗礼。淘汰，平衡，看似惨烈的灰烬是未来森林的沃土。

又联想到近年愈演愈烈的乌木之争。乌木原本是埋藏于地下的植物化石，因其质地功能又有人文价值，进行考古发掘是可取的。但如今官民争利，诉讼纷纷，粗暴地打扰了安息于地下的植物先辈。我推测地下未发现的乌木很多，那么人们是否打算挖祖坟、拆房子发乌木财呢？

从南宁到北海再到河内，沿途看到一棵又一棵红木扑倒。它们不是病倒的，是被伐倒的。最大的一棵长三十几米，直径超过两米，据说是亚洲迄今发现的最大红木。它们被肢解，制成精美贵重的红木家具。人类真是心灵手巧，将红木家具雕龙刻凤，栩栩如生。

但人类虽以万物之灵自诩，未必就是天地间至尊无上的精灵。我看人不如树，人不过活几十上百年，树活几百上千年，谁见的世面多？更遑论形象、大小。若比感知能力，树浑身上下遍布感官，上天几十米，入地几十米，纵横交错构造缜密的生命网络。树也必定有自己的语言和思想，只是它的生命密码人类尚无解。

树有病，人或知；人有病，天知否？

姹紫嫣红鸳鸯河

鸳鸯河发源于大洪山主峰——宝珠峰山麓的白龙池，又名鸳鸯溪。素有“九曲鸳鸯溪，十里水画廊”美誉。鸳鸯溪漂流据说是全国最具人气的浪漫漂流，可以夜漂。俊男靓女趋之若鹜，爱情之舟出双入对，活脱脱演绎着鸳鸯戏水的万种风情。

说起来鸳鸯溪只有六七公里，其实鸳鸯河源远流长。延绵起伏的大洪山系，千丘万壑，涓涓细流汇聚白龙池，又经过鸳鸯河发散开去，滋润绿林山崇山峻岭的山涧、瀑布、深潭、幽泉，莫不是鸳鸯河清澈碧透的生命之源。

鸳鸯溪香艳如琼浆玉液，美女如云。而我宁愿绕开鸳鸯溪，上溯下探，去寻访鸳鸯河两岸天生丽质的奇花异木，她们才是我心目中的女神。

时值中秋，鸳鸯溪上游十余里处，河畔两株古桂已开花溢香，沁人心脾。两桂堪称桂王。同高十五米许，腰围约八十厘米，共由一虬结成石斑的主干顶撑着，柯如青铜，花似赤金，形若骨伞，树荫遮天蔽日，蔚为壮观。最奇的是这对姐妹桂一年之间同时开花两次。民间传说，两桂原是一对情深意笃的孪生姐妹，矢志追求真爱不得，相约守身如玉，毅然投身鸳鸯河，化作桂花再现英姿，迄今皎洁凡四百年矣。

或许绿林山山神有感于两烈女殷殷之情，慈悲点化，距两桂上游一箭之遥，又有兄弟柏。两株相距四米，冠高三十米，胸围一米，伟岸挺拔，紫铜色的漂皮呈几何图形般整齐规范，竟无虬结斑痕。兄弟柏年轮六百年，尚值风华正茂的青春期。如此阳刚英俊，这般玉树临风，可是等待了姐妹桂两百年？

此柏彼桂，携骆驼峰下的太阳松、六房嘴的古银杏，并称鸳鸯河畔“绿林四宝”。

那太阳松的芳名就令人遐想。蓝天之下，莽林之上，太阳女神以金色大氅怀来她的赤子，寄养在绿林山之巅。日神约月仙昼夜眷顾，赤子茁壮成长为太阳松，铁骨铮铮，柔情凝翠，引来漫山遍野百花为之绽放，如痴如醉。

而古银杏在我心目中的地位至神至圣。凡人在高大古朴的银杏树下瞻仰，密密匝匝的银杏叶，每一片都是一朵翡翠花。即便谢落，也是赐给人间的宝贝，你可以收藏为标本，还可以炮制成一剂治疗人间疾苦的良药。银杏开银白之花，颜色庄重圣洁。结白果，状如硕大珍珠。今春我带学生来绿林山写作，山民赠以鲜嫩白果。佐以西芹清炒，微苦暗香，回甘清爽。

蹀躞鸳鸯河畔，艳遇太多。比如昨日在美人谷邂逅的紫薇，几令老夫心旌摇动。先是，一大片红得发紫的彩云扑面而来，瞬间亮瞎了双眼。炫目过后定神细看，原来是偌大一片紫薇林。紫薇，诗一般的名字，诗一般的身姿，诗一般的容貌。这种在城市公园偶尔一睹芳容的尤物，在这深山野谷却多得令人惊讶、震撼。紫薇属乔木，生长缓慢，枝干质地坚硬如铁。花骨朵看似弱不禁风，实则柔韧坚贞，不惧痴蜂浪蝶，风吹雨打，花期长达一季之久，羡煞多少梦想红颜常驻的美女们。而紫薇花兀自笑着绽着，她在世人眼里是花仙，世人在她眼里是花痴。毋宁说她是为了鸳鸯河才燃烧美丽。

鸳鸯河畔，姹紫嫣红……

锦衣·尚飨

锦　　衣

一想起古人竟有锦衣夜行者，便叹服今人会显摆，穿了光鲜的、名牌的衣裳不但在光天化日下招摇过市，而且自拍了晒到朋友圈炫耀。

近些年穿戴变化之大近乎脱胎换骨的倒不是年轻人，而是中老年男女，尤其是被媒体称为“中国大妈”的群体。她们真敢穿，大红、大紫、大绿、大花、明黄、弹力踩脚贴腿裤、像芭蕾演员穿的连裤连袜紧身衣，都是出街行头。全然不顾身体是否臃肿了，是否发福了。

如同龙袍加身还得戴皇冠，锦衣盛装不能不化妆，于是又文眉，再做头发。在公交、地铁、超市，人头攒动中忽见一堆火焰、一把青草或一蓬金毛的染发中老年女士并不稀奇。

中老年人爱时尚说明社会进步了，生活富裕了，个性张扬了，不必说三道四。问题是，锦衣昼行，众目睽睽，穿的人泰然自若，目光躲不开的旁人却尴尬。最碍眼的是那些锦衣往往不合身，长了或者短了，大了或者小了。说白了，那些华丽衣裳多半都不是量身定制的，明显是年轻人淘汰的二手货，猜得出是“逆袭”，继承了儿子儿媳、女儿女婿的“衣钵”，因为舍不得扔。更节约的，索性将年轻人抛弃的手袋、披肩、发卡、围巾统统拿过来混搭，自我感觉还蛮好。合时宜却不合身份，只顾抢眼出风头的，有点像马戏团演员。

或曰，人家老外的穿戴不也很花哨吗？七老八十的还臭美呢！咱中老年人多是50后、60后，艰苦朴素了大半辈子，不该潇洒走一回吗？

虽然我们常见的一些外国游客的穿戴看上去也很花哨，但你若仔细观察，会发现他们的衣着是量身订制的，基本得体，而且那种花哨与老头老太的举止容貌搭配，与场合兼容，与环境没有刺眼的反差。

有些人未必明白，服饰不仅与色彩、质地、款式有关，而且与修养、气质、文化传统、价值观念和审美习惯有关。虽说人靠衣装，三分长相七分打扮，却有沐猴而冠之虞。

窃以为，如果有些中老年穿戴失态了，他们的儿女要负一半的责任。请把你们淘汰的衣物捐出去或者扔远点。

另一半责任在中老年自己。要自知老态龙钟了，也要自信长相更睿智仁慈庄重了。你的养老积蓄不是都留给子孙的，量身定制一套自己的行装，莫辜负了历经沧桑的形骸。

尚　飨

清明去敬供的扫墓人，恐怕多半不知古人写过一首打油诗讽刺敬供。余大约记得：“黄昏祭祀了，弟子闹吵吵。祭肉分肥瘦，馒头争大小；子路开口骂，颜回低头笑……夫子太息曰：当年困于陈，不见此饿殍。”挖苦得够狠，敢拿权威的孔府师生开涮。

如今的敬供者可能不以为然：这是讥讽馋相和分配不均，也说明当年孔子师徒太清苦。我敬供的烧鸡、卤菜和肉包子摆在墓碑前没人争抢。莫借古讽今嘲笑孝心，小心冒犯神灵！

你振振有词，但你忘了把供品打包带走，尽管你无须用它祭牙。

前些年清明，余总是提前一两周去扫墓，后来成千上万扫墓人都提前，近年余只好延后一两周去，却发现墓园太恐怖。光天化日，人声鼎沸，还怕撞见鬼？不怕鬼却怕人，怕扫墓人敬的供品。经过风吹、雨打、暴晒，那些盛在塑料袋、方便盒里的鸡鸭鱼肉、蔬果点心，像真被饿殍厉鬼饕餮过后的残羹剩饭一般，杯盏狼藉，油污四溢，馊味扑鼻，苍蝇乱飞……情形不仅令人毛骨悚然，而且令人窒息作呕，好端端的墓园真的成了人间地狱。

不文明行为会影响到阴界，多少有些出人意料。以前只知影响到境外，媒体老是炒作国人出国游如何如何不文明。事后冷静分析，有的是夸大其词，有的是吹毛求疵，还有的是故意丑化国人的，皆因有的毕竟是坐实了，损坏了国人的名声。

令人担忧的是，境外媒体记者的鼻子比狗还灵敏，一旦嗅到公墓来，把墓园肮脏恐怖景象曝光，闹得在全世界丢人，还“丢鬼”。

估计有人会反驳：清明扫墓，敬供烧香乃传统，摆供品表孝心，千百年如此，岂容你逆忤?

须知前人多是土葬，家族祖坟各处一隅。即便是公墓或乱葬岗，坟头之间也有距离有回旋余地。各家摆的供品，隔夜就被飞禽走兽蝼蚁分餐了，最后还有山岗林地灌木花草自然分化。如今公墓是钢筋水泥构造，墓碑密密匝匝，毫无吸收净化功能。今昔不可同日而语。

而今朝墓园比之往昔坟茔也有许多好处、优势。以武汉最大的两处公墓石门峰和扁担山为例，林木参天，山峦叠翠，小桥流水，鸟语花香，墓园像公园了。即便是寻常草民谢世，安葬的墓穴虽昂贵了些却也够体面排场，庶几可安慰逝者亲属。如此风水宝地，怎忍心弄脏它?

扫墓扫墓，你是去扫墓的，不能反而把垃圾弃之墓碑旁。

墓园是宁静肃穆之地，必也圣洁，这是常识。余冒天下之大不韪吐槽，不惧得罪凡人，万一神灵误解，余愿以诚实作供品，敬献给列祖列宗乃至一切逝者。

九泉之下，天堂之上，尚飨!

天上的草原

一到乌兰巴托，我明显感觉天格外蓝，云特别低。先前在祖国的青藏高原、天山南北，尤其在呼伦贝尔，也曾欣慰地发现非常鲜亮的蓝天白云，心想，虽然山川异域，毕竟云彩同天，希冀哪天这般纯洁的白云也飘到我的家乡。而今我得承认乌兰巴托的蓝天白云更胜一筹。固然月是故乡明，奈何云是他乡好。

乌兰巴托的蓝天更近，白云就挂在树梢上，覆在不高的草山坡上，似乎伸手可及。

不料走出乌兰巴托那云更低了，几乎垂手俯拾。

我们准驴友一行的路线是借道乌兰巴托，深入草原腹地的哈拉和林。当旅行车驰入瀚海般起伏的草原，马上发现蓝天与绿原的地平线近在咫尺，或者说，地平线在北纬47度消失了，天与地浑然一体。

是的，白云混淆在羊群中，牛马撒蹄在蓝天上。

平生第一次与高贵的白云如此接近，感觉它仿佛环绕在我们胸前身后悠然飘逸。定睛捕捉时，它却又躲藏到小山那边半坡上。你若想把满天云彩看得真切，就得奔向山头，不是仰视是俯视，鸟瞰足下雪花、棉絮、绫缎般的白云。

再仰首回顾，湛蓝天空与碧绿草原像一个巨大的琥珀，完美地镶嵌、凝固，晶莹剔透。飘动的白云缓慢地旋转着浑圆的琥珀，天地之间不分上下。

于是草原在天上。草原是漂浮的，白云是激荡的波涛；草原是飞翔的，蓝天是重叠的映象。

原来天上的草原是彩色的。绿色只是草原的背景、基调。停车小憩时，同行们忙着抓拍风景抢镜头。我只身走进草原深处，立定、坐下来，仰躺下去，再翻身伏卧。无限贴近、亲近草原，就会发现草原五彩缤纷。那么多不知名的野花，集合了世间所有花容花色，乍看不起眼，细瞧密密麻麻点缀在一棵棵青草丛中，矜持而羞涩地微笑着。青草成了护花使者，在娇小的花骨朵映衬下，青草挺拔而伟岸。

看似浅浅的草原，其实茂密葳蕤，深不可测，并不逊色于神秘的原始森林。仅用眼观察是不够的，还得用心去辨认、想象。成群结队的蚂蚁像骏马奔驰，而牛羊马群像庞大的恐龙；五颜六色的蘑菇像蒙古包，而蒙古包像巍峨的宫殿；蚱蜢蜻蜓像苍鹰秃鹫，而鹰鹫像雷鸣电闪乌云滚滚……此情此景引人遐想深思，人类若能放低妄自尊大的身段，从谦卑的视角看待世界，才能认识自然的伟大，才能理解动植物界一切生命的尊严。

在天上的草原，牛、羊、马和骆驼这些食草动物，是草原的索取者也是奉献者。比如羊群，我以前认为它们从早到晚只知低头啃草，真是一群十足的吃货，活该任人宰割。其实羊群收割草原也耕耘草原，它们啃扯津甜的草根的同时拱松了沙土，它们排泄的黑豆般的粪球均匀地撒在草地上，只待风雨来催化滋养草原。

生生不息的草原，浅绿而深绿，嫩绿而老绿，绿得发蓝，绿得令人肃然起敬，正是牛羊马群这些草原的精灵，与草原共同演绎着生命的轮回。

往返哈拉和林的两天行程，途经七八百公里草原，旅途不时发现牛羊的尸体。鹰鹫是草原的天葬师，及时吞噬了尸体的血肉，遗下骨架躯干和皮毛，风干成一具标本，陈列在草原上，默默地诠释着一种意象。随处可见的垒石堆上挂着彩色经幡，证明在土著牧民心目中，草原是神灵所赐，草原上的一切，包括石头、草芥乃至死亡的牛羊，莫不寄寓了灵性。

天上的草原是神秘的，也是童话般单纯的，单纯到即便是牛马便溺的一摊尿水，也如同一泓泉水般清澈，明镜似的映照出蓝天白云。而草原的河流细柔、绵长，在铺天盖地的茵茵绿毯衬托下，乳白色的河水像汩汩的牛奶，像醉人的马奶酒。

草原之夜的月出仿佛日出，金黄的一轮骨碌碌滚出硕大、明媚似的太阳。夜风酷肖剽悍的蒙古汉子，铁炉劈柴宛若温柔的蒙古姑娘。蒙古包好比轻盈的折叠伞，随意支撑在苍穹之下莽原之上……

先前总觉得天堂虚无缥缈，遥不可及。在草原之夜我忽然明白了一个道理，如果信仰自然，回归纯朴，崇尚天籁，膜拜天地，则草原就是天堂。

接龙

庚子岁末，我在空旷的校园踝躞。梅南山上，往年一向杂树生花、尽显植物多样性的自然山林，今冬居然冻成一片白花花的雾凇，而汤逊湖拍岸的湖浪，也沿湖岸凝固成一圈晶亮的冰凌。严冬气氛亦因疫情愈发显得阴沉肃杀。新冠疫情似有死灰复燃之势，河北、辽宁、吉林、黑龙江……传来的消息日益吃紧，历经去冬今春封城煎熬的武汉，人们如临大敌的心情可想而知。

幸而大学生们在元月十四日前后考完最后一门功课就陆续离校返家了。设想如果再拖延几天，如果疫情加重，如果成千上万归心似箭的大学生滞留在封闭的校园，那时城里的思乡情绪和故乡盼归情绪互相滋长蔓延，还有师长、领导的焦虑和社会大众的关注，千丝万缕，只怕会织成一张密不透风的网，网里网外，能裹缠住多少纠结的心！

这个冬季确实格外冷，我为抢救院子里几株果木花卉，双手指头冻裂了好几个口子，一沾水就刀割般疼痛。而比疼痛更揪心的，是眼下的疫情。

即使学生都安全离校了，学校也难释怀，牵挂不已。启程稍慢的学生还在路上呢，一场异地“接龙”就在师生之间展开了。每天早晚，由各年级各班老师或班长牵头，人人在各自手机上刷屏接龙：“1. 某某某，某省某市，全家健康；2. 某某某，某省某市，全家健康……”寥寥几行接龙文字，将学生所在家庭、所在社区、所在区域状况即时传输给大数据帮助总揽防控大局。这般情形，令人联想历史上的古街长巷、山村水乡的更夫，每日晨昏巡路敲竹梆，“平安无事啰——”吆喝声此起彼伏，连绵不绝，让千家万户听了释然安然。

“接龙”的说法，据考证源于江浙一带，当旱灾肆虐，大地干裂，人畜饥渴，人们去山野深处寻觅隐蔽的沼泽，挖掘到几尾难得的泥鳅，奉为神明，小心翼翼捧回供养于寺庙水缸，祈盼其早日显现天龙真身，呼风唤雨，拯救苍生。

而接龙游戏，据说发端于川人纸牌玩法。我认为击鼓传花也类同接龙，而成语接龙、诗歌接龙普及了接龙游戏。当智能手机普及后，人们在微信、QQ上以接龙方式发起聚集、团购、捐赠、支援、救助活动，方便而快捷。在学校，接龙游戏演变成签名报到、讨论表决的集体学习生活方式，卓有成效。

通过每天的接龙游戏及时掌握师生健康信息，成为我校抗疫成功的法宝之一。听说类似游戏全国各大中小学都在“玩”，大同小异，师生、家长高度默契。推而论之，吾国吾民能在瘟疫肆虐全球的惊慌中稳定人心，虽先遭创伤而独善其身，一管窥豹，接龙所体现的一种传承意志、龙马精神，既是一种游戏规则，也是一股协同力量。

虽然隔着千山万水，在看不见的空间，庞大的接龙队伍紧密衔接，互相呼应。于是，虽然北风呼号，寒气凛冽，而疫情笼罩的校园却安宁祥和。

我爬上高高的情人坡，登临光明顶，但见亭廊拱卫的一泓碧池已然冻成了一块偌大的绿玻璃。而玻璃屏障之下却影影绰绰，美丽的锦鲤优哉游哉，鱼贯而行，宛若也在玩接龙游戏。

接龙，这个词的内涵外延引人遐思，油然联想到龙图腾、龙的传人、龙飞凤舞、蛟龙入海、鲲鹏飞天……还有神龙不见首尾一说，酷肖十几亿人接龙的壮观和奇妙。相形之下，新冠病毒再猖狂狡猾，终将自惭形秽，化为齑粉。

于是我在春节将至的校园迎接春寒料峭，祝愿我的接龙的学生康宁，祝愿亲友、故乡和祖国福祉常在。

澳洲两题

悉尼歌剧院

悉尼歌剧院举世闻名，誉为20世纪十大奇迹之一，2007年列入《世界文化遗产目录》。未亲眼见证前，世人都说它是帆形建筑，摄影画面和摄像视频展现的建筑外观是一组船队扬帆启航的造型。而2019年夏天我去瞻仰时，身临其境看到的悉尼歌剧院却是贝壳形状，似一大群贝壳簇拥着：四对贝壳成串排列在西边，其中三对朝北一对朝南；另四对贝壳平行站在东边；还有两对贝壳倒立在西南边。三群贝壳组合成三个三角形，构筑了奇妙的殿堂。而殿顶更酷肖贝壳，我无限接近坡顶察看并尝试触摸，发现它是由百万块扇贝纹路的马赛克镶嵌拼贴的，仿佛吸附、麇集了无数贝类海洋生物。

如此别出心裁的设计者是丹麦建筑设计家约恩·伍重。当年澳洲面向全世界发起设计竞赛，此人从30多个国家的200余件参赛作品中脱颖而出。而这位在2003年获得普利兹克建筑学奖的设计者却说，他的灵感来自一只剥开一半的橙子。

船帆，贝壳，橙子，这三者之间原本风马牛不相及。

我凝视着这些巨大而鲜活的贝壳。它们前两群互相倚靠着，仿佛面向大海环抱，后一群则背向大海侍立，更像几只张开壳盖倒悬的蚌贝……

令我意想不到的是，约恩·伍重虽留下传世巨作，他本人却不曾亲眼看见自己的心血之作。当年他下定决心把自己的设计工作室从丹麦搬迁到悉尼全身心孕育他的“孩子”，不料在旷日持久的具体设计建筑工程中与新一届澳洲政府产生不可弥合的分歧，毅然决然离开，直至以九旬高龄辞世，都没来看一眼已声名大噪的悉尼歌剧院成品。而且，他的青史留名的设计有缺陷，施工过程中发现原设计方案有不切实际之处，又聘请英国著名建筑专家对原设计方案做了重要修改。并且，新颖的设计并不等同于顺理成章的建筑，就在今春刚去世的建筑工程师之一乔·伯托尼，在这一宏伟工程施工期间，靠他的手工计算了2万多道方程式，可以说是他，具体设计了悉尼歌剧院拱形顶部及内部支撑结构。甚至，悉尼歌剧院的名称有点名不副实，当初约恩·伍重规划的室内最大的有2679个席位的歌剧厅，被议员政客以上座率为由改成了音乐厅，将原规划的小得多的只有1547个席位的音乐厅改成了歌剧厅。

知悉长达16年的设计、建筑内幕后，我反复围绕着这座耀眼的艺术殿堂徜徉，寻思许多……

这世界上的建筑奇迹诞生的原因有时让人匪夷所思。万里长城是史上七大奇迹之一，其设计者却没料到，用血汗搅拌白骨构筑的坚固工事，几千年来非但未能抵御外敌，反而成为长城内军民的桎梏；兵马俑的发掘令世人叹为第八大奇迹，其创意应属秦始皇，传说他死后躺在浮于水银江河上的睡棺里遨游八极，仰望星空，意在凭借地下千军万马的恢宏阵势永葆秦朝万年江山，偏偏历史不循他的设计演变，竟二世而亡；古埃及的法老为自己设计坚如磐石的金字塔，却成了后世顶尖考古学家探秘木乃伊的掘墓地标；传说玄妙的空中花园巧夺天工，却是巴比伦国王为取悦宠妃而建，他忤逆自然地理气候情势大费周章，精心的设计坍塌成连遗迹也难觅其踪的尘埃；圆明园和罗马斗兽场的设计者万难料到，断垣残壁比轰然崩溃前的辉煌更具历史价值……凡此种种，即便鬼斧神工创造的自然奇迹，也历经造化力量在亿万年间于必然和偶然叠加中，反复设计演变。

当我的思绪与花岗岩基座下汹涌的海浪合拍，便认为眼前这座近乎完美的艺术殿堂，它固然是约恩·伍重的旷世杰作，同时也是艺术家和科学家、澳洲人和地球人集体智慧的结晶。

我登上悉尼海港大桥，从坎伯兰街的桥梯拾级而上，攀爬到领略悉尼海港全景的最佳位置，从这个视角俯瞰悉尼歌剧院，这座“凝固的音乐”便是动态的。远看它确实更像起伏在海浪中的船队扬帆启航。有音乐如天籁之声飘来，造诣匪浅的悉尼歌剧团正在殿堂内演出。可以想象，著名歌唱家比才（Bizet）、普契尼（Puccini）、罗西尼（Rossini）逐一登台展现迷人歌喉，慷慨激昂而缠绵悱恻的咏叹调陶醉了室内观众，排山倒海的掌声感染了更多室外游客。这一幕幕都记录在海面和蓝天白云上。而横亘在海天中间的海港大桥，其流畅的线条仿佛拉出了纤细的五线谱。从早至晚络绎不绝来自世界各地的观光客熙熙攘攘，密匝匝的人头攒动着，看恍惚了便以为是五线谱上下颤动的音符。

十二门徒岩

来到墨尔本，驻足南大洋岸边凝视沧海的感受，与在别处看海的情境全然不同。别处看到的是柔软的沙滩铺垫的大海，如水银泻地般无孔不入，淹没天地，浑然一体。而这里的海岸线是高达五十米的悬崖峭壁，恰逢那天海风凌厉，海浪猖獗，耳际轰然作响，便有如临深渊，如履薄冰的心境，视线也立刻被近海突兀的一串岛礁所屏障。这般势态，令脑海翻涌出曹操的千古绝唱：“东临碣石，以观沧海。水何澹澹，山岛竦峙。树木丛生，百草丰茂。秋风萧瑟，洪波涌起……”

对比眼前喧嚣的大海和耸立的岛礁，不见大树，灌木却葳蕤，藤蔓纠缠，没膝的杂草在海风中凌乱着，像是在描述着混沌之初创世纪的故事。

这里是著名的坎贝港国家公园，看点正是这一组穿出南大洋海面的赫然入目的巨型岩石，称谓“十二门徒岩”。据勘探，这些奇形海岩成因是海水对石灰岩的侵蚀，历经千万年海水风浪共同作用，石灰岩悬崖形成洞穴，逐渐扩大成拱门。十二座拱门形态各异，被想象成人或神的头脸面孔，岩石上下碣黑的环线和岩顶碣黄的灌木仿佛黑黄相间的服饰，于是虔诚的教民笃信这是耶稣十二门徒的化身。

而眼前分明只有八位门徒的天然雕像，询问导游才知，原来缺失的四座石雕已然被大海吞噬殆尽，似乎恪尽职守的布道者不惧为教义捐躯殉道。

成群的海鸥仿佛是风的化身，在我眼前盘旋、啼鸣，讲述着耶稣和十二门徒的故事……

耶稣眼力非凡，他挑选的十二门徒，除了那个出卖他的叛徒犹大另当别论，个个道行高深。耶稣信任地授予他们职权，他们皓首穷经，孜孜矻矻，把心智和血肉之躯一并奉献给了布道事业。

大弟子彼得由一个穷困潦倒的渔夫成长为宗教领袖，面对邪恶的酷刑，他选择倒钉十字架。而他的亲兄弟安得烈，则是被扭曲着躯干斜钉在十字上。同胞双双以流尽最后一滴血的方式罹难，宗教史称“圣彼得”“圣安得烈”；更惨烈的门徒是拿但亚，他是被剥皮后钉在十字架上的；门徒约翰创作了不朽的经典《启示录》，为《圣经》画上完美句号，亦惨遭酷刑；名气最大的门徒是马太，因为他著作了《马太福音》，其实他另一部巨著《新约圣经》更著名，名气未能挽救他死于非命……传说耶稣摈弃犹大后另外补选一个门徒，而十二门徒悉数被邪恶力量折磨而死。

眼前承受千万年风吹浪打的十二座礁岩不仅是天然雕像，还是意味深长的寓言。

由宗教史上的囚徒和刑罚联想到澳洲的历史，据说这个原大英帝国殖民地的国度，是一批被流放的囚徒创建的。我对此说有疑问，流放者中有无政治犯、思想犯？有无科学家、艺术家？有无传教士、探险者？当年俄国沙皇流放到西伯利亚的十二月党人，其中有多少志士仁人和天妒英才！党人的妻子义无反顾追随丈夫同赴苦难的凄美故事，无端地使我好奇人间正道布道者的人格魅力。如今的澳洲划为西方发达工业国家行列，而我此番澳洲行所见所闻，感受的分明是一个田园牧歌国度，创造这片乐土的先驱者中，少不了十二门徒式的奉献者、牺牲者。

进而联想到澳洲的土著，这片沃土原本是他们的故乡。在澳洲城乡，在新西兰，此行我参观过大洋洲原住民的村庄，瞻仰过他们的神祇，见识过他们的图腾。几年前澳洲政府还在为当初掠夺式殖民的历史欠债买单，补偿不断抗争的原住民。那么，殖民先行者是创业者也是侵略者，布道者也是忏悔者、赎罪者。

如同扑面而来的海潮，我的思绪是纷杂凌乱的。眼帘或隐或现的十二门徒岩，在我的仔细端详中不像人或神的头脸，它们的形状、质地和纹路更像欧洲的古城堡，像中国山海关绵延至海滨的长城遗址，像胶东半岛荣城天尽头处的礁石栈道。

当然，城堡也罢，长城也罢，栈道也罢，作为遗址，它们统统都是大自然的殉道者，是造物主的信徒。

序《沧浪之歌》

近读谢力军先生即将付梓的散文集书稿，正值新冠肺炎肆虐期间，心情难免压抑。而作者书稿中一篇近作《谁被关进了笼子》，直接涉及疫情话题，可见作者关注苍生，悲天悯人的情怀。这篇颇有分量的文章几近科普论文，作者描述说，地球上的生命大约出现于46亿年前地球诞生之后的10亿年间。最初的生命形式是蓝藻，进化为两种不同的生物形态：原核生物、真核生物。前者以细菌为代表，后者包括人和所有生物……作者以相当专业的语言论述了细菌、病毒、野生动物与人类之间的复杂关系。

作者写道："爱因斯坦有一次与同样伟大的物理学家波尔讨论宇宙的终极规律，世界一切是被设计的还是随机的？是必然还是偶然？爱因斯坦说：'波尔，上帝不掷骰子。'"

读此，联想到特斯拉CEO埃隆·马斯克在一个电视访谈节目中的惊人之语，他说人类极有可能活在更高文明模拟的矩阵游戏中。因为宇宙已有近140亿年历史，而人类出现在地球上的历史不过一万年。他相信，更古老的文明很可能是我们的造物主。从统计学角度看，在如此漫长的时间内，很可能存在更高级的文明，人类可能生活在一个巨大且先进的计算机游戏中。

作者文章可以与马斯克说法互相观照。马斯克一鸣惊人，在微信上刷屏了，转发者觉得有趣，我却感到迷惘和困惑，一如这些年听了科学家关于暗物质、反物质，关于生命与灵魂存在的种种说辞。于是又联想到村上春树的《世界尽头与冷酷仙境》，他借这部小说感慨："有些东西不过很久，是不可能理解的。有些东西等到理解了，又为时已晚。"大多数时候，我们不得不在尚未清楚认识自己的心的情况下采取行动，因此感到迷惘和困惑。

我的迷惘和困惑并非作者此文文字晦涩、寓意含糊，恰恰相反，这篇文章和这部散文集，其文主旨和志趣是明朗的。而我咀嚼文字，总是品出诸多言外之意，便觉得各篇耐读。

纵览全书，题材纵横捭阖，广泛涉猎文史哲乃至天文地理、自然科学、生命科学及医药学，蕴藉深厚。

从文本看，这些篇什除了散文形式常见的记事、描景、抒情手法，笔路很宽地涉猎了杂文、札记、游记、影评、书评文体，并有诗词楹联鉴赏及考证文字，写法旁征博引，有典有据却不泥古，文风自成一格。若非有丰富的阅历、扎实的文字功底，很难成就如此著述。

这与作者人生履历密切相关。我与作者以文相识，当年作者一篇中篇小说处女作《医药魔方》首投《芳草》，二审送上来后，我终审发排在《芳草》头条，《中篇小说选刊》迅速转载，可见作者出手不凡。虽说他后来忙于事业打拼未继续写作，而作为二十世纪五十年代人中的佼佼者，历经知青岁月煎熬、职场商海磨砺，加之博览群书，于精神世界的遨游中渐悟而自觉，均是默默创作的无字书。从这个角度说，作者这部散文集是厚积薄发，乃面壁破壁之作。

我认为《沧浪之歌》是这部散文集中最重要的文章，不唯篇幅长，分量也重，作者认为，沧浪即汉江。一般看法，古人以沧浪泛指江河之水。也有认为特指的，20世纪90年代初，我去云南参加笔会，当地文人引领我等一行去看澜沧江，说澜沧古名沧浪，孔子游历至此，行吟："沧浪之水清兮……"作者引据典籍所载许慎、萧何、段玉裁、刘向、郦道元的相关著述，取"'沧浪之水清兮……'系春秋时期人物渔父在汉江偶遇流放途中屈原时的吟唱"一说，其做学问的底气从文后所列参考文献和注释可见一斑。

我基本认同作者的考证。其实，还可援引与司马迁、孔子、孟子等人相关的历史记载，来判断沧浪指汉江之水。"清兮浊兮"之句，一说乃孔子游历汉江所听孺子歌，沧浪之水的清浊，就形象地体现在汉阳南岸嘴的汉江、长江交汇处。

《沧浪之歌》并不以题材新奇取胜，贵在多维视角。有关武汉、长江、汉水的史志资料、民间传说和文艺作品之多，汗牛充栋，但既有各种文本多是专题类的，以截面或纵向单一维度记述，视角局限。而作者从地理、历史、人文多维视角叙述，又是从特殊时期的武汉状态切入主题，读来充满时代感、现实感。

作者行文中感时伤往，情不自禁地吟哦：“当苍凉深广如天地，我要唱首沧浪之歌/用那最汹涌的卑微/救赎我们幻灭的渴望。”斯文尽数千百年中国历史上风云人物和芸芸众生在汉江长江——在武汉的故事，笔墨纵横，颇为耐读。

由此想到，作者以《沧浪之歌》作为散文集的书名，似有更深寄托。汉江长江气势如虹，而两江交汇、三镇鼎立的武汉气象如歌。作者作为落籍于武汉者，字里行间悲天悯人，笔端寄托了太多的故乡情怀。这种情怀源远流长，溯汉江而上百余里，那里是作者出生地湖北天门，作者儿时曾在汉江边有“小汉口”之称的岳口镇生活多年。作为江汉平原之子，作者置身云梦，心怀沧浪，一组怀念故里的篇章，讲述孩提时光、学生时代、知青岁月，描绘师生、亲友、乡邻乃至如今以《鸿渐风》微信公号为雅集的文友，笔墨濡染之处，不仅是曾经栖居的故园，更是寄托思想和志趣的精神领地，可以读出作者的一往情深。

在《生命是一种信仰》中，他写道：“生命是一种信仰，由相信与仰望两座心灵峰峦并峙铸成。”“一切明媚图景的描绘呈现，和对人生的美好回馈，都只能孕育于每个人对真善美的孜孜追求之中，都来源于我们对公理正义等文明常识的认同遵循，对古朴乡风的淘洗扬弃，还有对人性之光的趋近与呵护。我们将从中感受到人的生命之高贵与唯一，鲜活与昂扬。”

相信本书读者都会赞同作者这种信仰。

而作者在《敢遣春温上笔端》中表明的态度，更有助于读者解读书中这些感情充沛的率真文字，并产生共鸣：

“我们为什么写作？因为这是无关功利的精神活动，是辨黑白、明是非、审美丑的思想之旅，在某种意义上，甚至是一种人性的自我救赎。”

于是，作者以一种宗教般的虔诚命笔，如歌如舞，如泣如诉。如此这般说古论今，游历山川，抨击时弊，臧否人物，品议艺术。读来字字句句都有沉甸甸的分量。

是为序。

驴行野村谷

如今游山逛水盲目从众者多，而会玩的往往另辟蹊径。比如驴友，深谙探险探秘之妙，玩的是一种野趣。

资深驴友徐先生说野村谷野趣盎然，再三邀约，我便好奇地随他去寻访。

发现野村谷

野村谷，顾名思义，一座野趣迷人的村庄隐藏在群山环抱的山谷。这连绵环绕的山群有一个美丽的名字，叫白龙山。它与木兰山一脉相承，是巍巍大别山系的余脉。

白龙山山势恰如白龙乘云驾雾，腾挪间闪耀浑身珠光宝气，抖落漫山翡翠，顺山坡骨碌碌滚出一颗熠熠明珠，却躲进山野幽谷。犹如璞玉待琢，野村谷静待世人慧眼识珠。

寻访者初来乍到，但见野村谷幽深莫测，层峦叠嶂，山水迂回，果然不识真面目。便延聘长期担任过此地村支书的王主任为向导，先沿山麓攀缘而上，登高望远辨明方向。

仿佛爬上龙脊，眼前白龙山盘旋于天地云间，神龙不见首尾。我们驻足的山巅四峰并肩排列，依次为观音殿、晓山顶、头木山、陡坡峰。观音殿为主峰，海拔304.7米，位于北纬31°，东经114°。

伫立在山顶一块天台般的巨石上，举目环顾，木兰山在东北隔谷相望，木兰湖在正东山下遥相呼应。眺望正北方，黄陂城区鳞次栉比的高楼大厦似乎一箭之遥。而鸟瞰之下，木兰草原、三台寺、玫瑰花园、胜天农庄、美丽乡村、锦鲤园、华夏祖庭等景区一览无余，众星拱月般分布在野村谷周围。近处的村庄田畴，远方的山川苍穹，历历在目。……山风乍起，云蒸霞蔚。青天白日之下，气象万千……

向导说，须夏秋晴朗日，傍晚至繁星满天时分，于斯处观武汉城市远景，清晰若画，忽如海市蜃楼缥缈于云雾之上，忽如流星溢彩的天上人间。那般情景，足使观赏者陶醉，恍若羽化登仙。

野村谷山上野气弥漫，野劲十足。野树野藤，野果野草，野石野径。没膝的蒿草，没头的芦苇，荆棘丛生，菖蒲如剑。

山林中早年有豺狼虎豹出没，如今仍是狐猴獾鼬的乐园，时有野猪客串。只是它们潜伏在悬崖峭壁的密林深处，警惕地与人类保持足够安全的距离。至于野雉和云雀、黄鹂、杜鹃等等，这些飞禽本是山林常客。

向导说起一则逸闻，“文革”期间生产队在山腰瀑布下就水潭拦坝筑水库，有年轻鲁莽社员以铁笼囚缚一条巨蟒。村中长者闻讯赶来劝诫，说这是一条雌蟒，断然不能伤害，不日必有雄蟒寻来。第二天果然潭中又冒出一条巨蟒，隔着铁栅栏与雌蟒缱绻不去。长者威颜厉声：此乃护山护水神蟒！尔等不信神灵总要信生灵吧？蛇精成蟒，生翼化龙，龙潭祸福无常。修水库造福一方，囚蟒蛇却可能祸害一方!年轻鲁莽社员闻罢，唯唯诺诺将巨蟒放生……

向导指点山坳中水潭所在位置，说，古人相信龟蛇同寿，奉为图腾，故庙堂常见龟蛇一体的石雕。水库已年久失修了，而那雌雄双蟒，或许还潜在潭中，也未可知。

说野村谷野，又怎一个野字了得。向导引领我们翻山越水，攀岩走壁，甚至披荆斩棘，不惧胳膊腿划拉出道道伤痕，寻找美不胜收的自然景观下掩藏的人文景观底蕴。一处处城墙、石堡、石桥、梯田、磨盘、摩崖图案、碑刻、墓塚、石塔，虽多为断垣残壁，而遗址废墟赫然在目。就连小径荒草中的瓦砾，随便俯拾一块，也是接近秦砖汉瓦年代的文物。

仿佛冥冥中有山神启迪，我们分明领悟到荒野中宝藏所在，不是庸俗故事所说的藏宝洞，这里没有金山银山，胜似金山银山，便是人杰地灵的深厚蕴藏。

于是，寻访野村谷更像是一次田野调查，一番考古发掘，一场民间采风。

我们的见闻不仅是与一处旖旎风光、绝色美景的艳遇，还是一连串悲欣交集的传奇，扑朔迷离的哑谜和精彩迭出的故事。

白龙寺传奇

与野村谷的亭台楼榭隔山相邻的白龙寺，因白龙山得名。考证黄陂保存最久的县志和白龙寺村《王氏宗谱》，发现如下记载：

“黄陂东乡三十里有一山名曰白龙岗……南窥江汉，北顾中州，黄麻在东，孝安接西……山下有白龙寺……

“白龙寺乃黄陂八大寺之一，始建于唐代，五代毁于兵火，其后屡建屡毁。鼎盛时寺院有上中下三重，大雄宝殿三尊铸铁佛像高达10米，重万吨……

“善男信女，络绎不绝。除黄陂本县信众，外县黄安、新洲、孝感、安陆……乃至外省河南信阳、光山信徒，也来朝觐……

“乡绅佃户皆捐香火……东乡寺富白龙最，僧尼枕着银子睡……”

可见白龙寺名气之大，不让黄陂名刹木兰山。究其原因，原来与三个皇帝、四个重臣和好几个文人骚客有关。

相传隋末某年某月某日，秦王李世民与军师徐茂公率兵征战，途经白龙山。秦王对此地山水风光赞叹不已，却对民不聊生的现象很困惑。军师不便说破百姓苦于战乱、天灾两害，只说洪涝肆虐：白龙山虽乃风水宝地，却有恶龙兴风作浪，是故生民不得安宁。秦王问降龙之计。军师答：灾害频仍催生巧取豪夺恶徒，致人心不善。唯佛法无边，可以除恶扬善，普度众生。

李世民称帝，于登基的贞观元年（627年）即命鄂国公尉迟恭往白龙山下建白龙寺，塑巨大佛像，并在佛像底座铭刻“尉迟恭奉旨监制”字样。寺庙开光之日，有高僧乘白龙而来，从此风调雨顺，百姓无不礼佛向善，一方安泰。

白龙寺声名远播，天下文人骚客慕名而来。当时定居安陆的李白，专程来参禅悟佛，留下“黄鹤楼前晴川阁，白龙寺下普安桥”的诗联。这座以整块青石板铺成的石桥，当年是南来北往商贩必经之道，历经千年风雨，如今依然保存完好。

到了元代至正二十二年（1362年），朱元璋屯兵白龙山白龙寨，与山下元军对峙数月，问计军师刘伯温。刘伯温踏勘山势，谓此山有龙脉通王气，不日将克敌制胜。朱元璋称帝后对白龙山的龙脉耿耿于怀，唯恐江山坐不稳，派御林军到白龙山挖断龙脉，掘成深坑，将一巨大铁桩打进龙脉深处。史称“斩龙潭”“屠龙剑”。白龙冤魂不散，斩龙潭喷出乌红龙血，经久不止，附近百姓惶惶不可终日。幸有白龙寺僧尼日夜超度，才逢凶化吉。奇怪的是，至今在斩龙潭南端岩石上，确有锈红水渍浸润，当地人说五百年未曾干过。

又千百年，乾隆皇帝下江南，遍访名山名刹，到白龙寺敬香求签。那皇帝虽微服私访，却被白龙寺高僧看出来历，也不说破，只管祭出上上签哄他开心。乾隆果然龙颜大悦，口占一联赠予白龙寺："黄鹤楼上吹玉笛，白龙寺内撞金钟。"至今这副楹联，还挂在寺庙大门上。

时值秋高气爽，白龙寺村的村民忙着在山门石桥上翻晒收获的柿子和荞麦。跟随在乾隆身边的风流才子纪晓岚见状，即兴吟了一句上联"白龙寺寺前柿日晒柿红寺不红"想考考高僧。话音未落，高僧已对出下联："普安桥桥上荞风吹荞动桥未动"。纪晓岚不信，随高僧去桥头看究竟，果见桥上农妇撮起一簸箕荞麦，在顺风扬弃荞屑。

这些传说，当然都是民间穿凿附会。但千百年间口口相传，却也演绎了生动有趣的故事。

而史志资料可以印证，白龙寺无论兴废，香火不绝。至明初，江西九江承天院高僧旮月和尚挂单木兰山，重建上古禅寺后，遣弟子灏公一源复建白龙寺。明末清初，白龙寺再遭张献忠、洪秀全所部兵将破坏。清末至民国，僧众和民众协力修缮。直到新中国初期，白龙寺依然寺庙可观，佛像庄严。可惜"文革"期间被彻底毁坏。

白龙寺现任住持释惟亮说，从1986年起，附近村民以山石垒成几间简陋庙房守护遗址。海内外善男信女纷纷捐资重建白龙寺，而今已按当年规模建成大雄宝殿，整座寺院全面修复指日可待。

而晨钟暮鼓早已在白龙山山谷回响，野村谷梵音缭绕，佛光普照。

观音殿之谜

野村谷有一条盘旋而上的傍溪石阶山道，直通观音殿。观音殿在山上，白龙寺在山下。山上山下，晨钟暮鼓遥相呼应。那么，观音殿是白龙寺的组成部分，还是另一座寺庙呢?

有人说，观音殿就是当年白龙寺的大雄宝殿。因山头面南矗立着一尊观音像，故名。其实在史志记载中，白龙寺的学名就叫观音殿。

有人反驳，当年的观音殿也是三重庙宇，沿山坳筑阶层而上，气势恢宏。鼎盛时期有僧侣近百，住持是高僧慧清法师。

众说纷纭，莫衷一是。

观音殿还有一连串难解之谜。

立在巅峰察看，白龙山大大小小的山头如波浪起伏。民间传说，此山本是当年助唐僧西天取经的坐骑白龙马，功德圆满后回归东海，历经沧海桑田，在千万年地壳变化中逐渐南移，因一次剧烈的造山运动崛起为白龙山。当年朱元璋派御林军来挖断龙脉后犹不放心，亲自赶来，执屠龙剑斩断龙头，抛于东南山崖下。龙头不腐，借日月之光华，吸天地之甘露，炼成化石。

传说固然不可当真，但千真万确的是，在白龙山主峰东南悬崖峭壁下，偏偏就有一圆形巨石，光滑晶莹如白玛瑙，与此山石质截然不同。若非龙首化石，那么它是天外飞来的陨石吗？此谜一。

观音殿寺院里有一眼古井，青石铺砌，一丈见方，深浅莫测。水质清澈，掬捧可饮，甘甜冰凉。在海拔三百多米的山上，井水为何一年四季不溢不涸？庙宇周围方圆几里未见山瀑石溪，千百年来，地下活水的源头在哪里？此谜二。

观音殿也是屡建屡毁。历朝历代，哪怕是庙宇毁灭仅剩一地废墟，总有虔诚坚毅的出家人守着残存的瓦砾不肯离去。远近的善男信女与僧人齐心协力，燕子衔泥一般，一砖一瓦重建庙宇。鼎盛之年，除了方圆几十上百里来的香客络绎不绝，南来的云游僧，北往的苦行僧，外县的挂单和尚，本地新剃度的出家人，僧侣最多的时候几近百人，却从未超过九十九人。

这里的和尚人数为什么不能上百呢？一说“九九”谐音“久久”，是谓吉祥安稳；一说观音殿建于白龙山山脊龙脉之上，循帝王之制尊九九数位；一说观音殿最早的住持乃白龙寺高僧门徒，上山建寺之日，遵师嘱领取衣钵度牒限九十九套，以免施主信众负担过重。各种说法都是猜测，此谜三。

观音殿之谜，还有一连串。比如，悬崖下的摩崖石刻是谁的手笔？巨石上的饮水槽是否鬼斧神工？幸存的锈铁钟字迹模糊难辨，它是铸于哪朝哪代？

谜底掩埋在尘封已久的废墟下……

观音殿最后一次倾圮是1937年，敌人以观音殿有游击队出没为由，出动大队人马上山扫荡，不仅火烧庙宇，掠走庙中经卷、字画、法器，还将住持慧清法师和僧侣、居士近百人全部杀害。

惊闻观音殿遭劫噩耗，四乡善男信女纷纷赶上山来，但见庙宇佛像已化为灰烬，血流成河，横尸遍野。信众跺足捶胸，号啕怒吼。掩埋了罹难者遗体后，青壮年男人当即就告别了父老乡亲，往大别山深处投奔八路军游击队，誓与敌人死战复仇。而许多年迈的长者就留在山上不走了，清理废墟，以山石干砌垒成一间石庵，从灰烬中扒出残存的石佛石鼎石香炉。他们叩天为佛，跪山为殿，就地摆开法场超度亡灵。

几十年过去，观音殿遗址上简陋的石庵又多了几间。香火不绝如缕，朝觐的善男信女逐年增多。

据长年守护在观音殿修行的七旬长者梅居士说，时有远道香客来参禅礼佛，还有不愿透露身份的学界、商界人士上山踏勘测绘。一切迹象表明，重修观音殿的规划一直在默默进行中。

许多哑谜，将在开光之日昭然若揭。

三隐书院状元楼

野村谷山那边有三隐书院。由白龙寺翻过山脊，几棵古树下有一个院落的断壁残垣，这便是当年闻名遐迩的三隐书院遗址。

相传明洪熙年间，白龙山下十几个村湾的村民自愿凑了一笔盘缠，资助公认的三个品学兼优的学子赴京赶考。三人不负众望，在殿试中囊括了状元、榜眼、探花三甲，都留在京城当了大官。但三人在官位上坐了几年却如坐针毡，目睹官场腐败和百姓民不聊生，他们深感再继续做官就是助纣为虐，愧对家乡父老乡亲。他们毅然决定辞官返乡隐居，在白龙山山脊创建三隐书院回报乡梓，广招白龙山下乃至整个大别山乡亲的贫寒学子，在山上半耕半读，自食其力。

三个隐士皆满腹诗书，讲学几年，三隐书院就与黄陂的二程书院、甘露书院和新洲的问津书院齐名。三位先生，从英年才子慢慢变成白发苍苍的老先生。几十年间培养了一代又一代文才武略的国家栋梁，终于灯油耗尽，于同一年先后倒在讲坛上，皆嘱学生将骨骸就近掩埋在书院墙角，以便继续聆听琅琅读书声。

三位隐士姓甚名谁，民间传说无从考证。而可以考证的是，在白龙山村村湾湾间和紧邻的城关内外，自宋朝至明清年代，黄陂学子在科考场上屡屡金榜题名的何止三人：

宋庆历年间（1041–1048年），程颢进士及第。累官至监察御史，后辞官与弟程颐专门讲学。翌年，程颐考进士未中，却当上了帝师。兄弟二人皆北宋大儒，是二程理学的奠基人；

明嘉靖二十九年（1550年），郑佶进士及第，成为当朝名宦；

明万历年（1554—1609年），张涛被神宗金榜题名，官至御史；

清顺治十六年（1659年），叶封和姚缔虞两位同乡同时成为己亥进士。后来一个是顺治名诗人，一个是康熙名臣；

清嘉庆己未年（1799年），曾大观荣登榜眼；

清嘉庆辛酉年（1801年），刘彬士再登榜眼；

清道光戊戌年（1840年），金国均三登榜眼；

清咸丰二年（1852年），周恒淇进士及第；

……

以上说的多是文人文官。白龙山下也出武状元。在野村谷周围的村湾里，九门提督王正起将军的名字家喻户晓，他是邻湾田铺嘴人。史志记载，他以治理黄河、平定倭寇建功，被皇帝封为振威将军，官阶至正一品，其母被诰封为一品夫人。在野村谷，关于他们的传奇很多。

据说慈禧的宠信太监安德海无法无天，连皇帝也畏他三分。一次慈禧命安德海下江南置办御用丝绸，他一路狐假虎威为非作歹，官民皆敢怒不敢言。皇帝趁机急下密诏，令巡抚丁宝桢将安德海逮捕问罪。丁宝桢派出的大将程某尾随安德海三日不敢下手，改派王正起出马。王正起星夜追捕安德海，并以持刀拒捕、辱骂皇上的罪名将其先斩后奏，皇帝闻报大喜。

又传说王正起衣锦还乡时，金银珠宝装满18辆大车。他有18个妻妾，子嗣遍及大江南北。他于1890年去世时，出殡以18口棺材分埋各地，至今不知真墓冢所在，唯田铺嘴湾的故居，石墙犹在……

如今我们猜想，这些文武状元、榜眼和探花中，可能就有三位是三隐书院的隐士先生，也可能还有几位是三位隐士先生的高才生。其实具体是谁并不重要，重要的是他们的人品学问和经世济民的功德，是他们为白龙山留下了三隐书院遗址。虽然只是一堆废墟，却见证了历史的过程。

由三隐书院往上，登顶观音殿眺望，邻峰晓山顶近在眼前，峰头竖着高高的电信铁塔。野村谷长者说，那里当年曾是一座状元楼。楼高三层，翘檐珠顶，云霞穿窗而过。令人遐想古人在楼上吟诗抚琴，舞文弄墨……

斯楼不在，书院倾圮，而遗址尚在。蓬蒿中静静躺着瓦砾，每一块断碑、石雕和木刻都是野村谷密码，可以解译三隐书院和状元楼的故事。

白龙寨英雄谱

从野村谷仰望白龙山主峰观音殿，依稀可见若隐若现的白龙寨。寨墙以山石干砌而成，沿山势盘旋起伏。山寨在东西南北险要地段建有寨门，以巨石垒堡，圆木筑门。如今东西两面寨门倾圮坍塌，南北寨门半损毁，石墙壁垒尚在，宽厚坚固。可以想象当年石堡森严，易守难攻。

考证有关史料并走访当地长者得知，白龙寨始建于元朝至正年代（1350年）前后，既是官兵防御农民起义的军营，也是百姓躲避战乱兵匪的自卫堡垒。

斑驳的寨墙见证了中国历史长卷在白龙山演绎一幕幕战与火的史诗：

……自唐宋以降，战乱频仍。明末，红巾军起义，徐寿辉屯兵白龙寨，占据了大别山所有山头称帝；陈友谅剿灭徐寿辉的天完皇朝后，又与朱元璋争天下，激战白龙寨；清朝张献忠和洪秀全多次攻克白龙寨，捻军王双如在白龙寨大败清军……

而白龙寨成为红色堡垒，则要从鄂豫皖红军创始人吴光浩说起。

吴光浩的名字也许不够响亮，那么，李先念、许世友、陈再道、张体学、刘华清，这些名字如雷贯耳吧？他们都曾是吴光浩的部下或继任人。

在野村谷邻村蔡吴湾，男女老幼皆以家乡出了个大英雄吴光浩为傲。他是黄埔军校高才生，叶挺独立团的连长，北伐中在贺胜桥一战成名。国共两党分道扬镳，吴光浩奉命赴鄂南组织农民起义，又率起义军转战鄂东，在故乡热土上抛头颅洒热血，在父老乡亲面前捧出报国报民的赤子之心，留下可歌可泣的故事。

1927年11月，吴光浩和战友领导发起震惊中外的黄麻起义。敌人慌忙调来国民党第十二军的一个整编师，以精良枪械镇压手持长矛大刀的起义农民。吴光浩运筹帷幄，指挥起义军与敌周旋，重创敌军。在更多敌军增援之际，吴光浩审时度势，率军杀出重围，转战木兰山，抢占白龙寨。巩固阵地后，奉命创建了中国工农红军第七军。从此，在木兰山、白龙山乃至整个大别山根据地打土豪分田地，开展轰轰烈烈的土地革命运动。

敌人企图扑灭革命火种，1928年1月，国民政府令魏益三率数倍于我兵力进攻红七军。吴光浩将红七军分成十几个独立作战的游击队，利用有利地形与敌周旋。他亲临白龙寨，引敌上山，各个击破。激战月余，敌丢盔弃甲撤退。吴光浩乘胜追击，在苏区组织少年先锋队、赤卫队，建立兵工厂，并派出敌工大队深入黄麻老区歼灭反动民团。

1929年2月，敌十八军以两个团来犯，同时鄂东南敌军也出动，企图合围红七军主力于木兰山、白龙寨。吴光浩指挥我军兵分三路，突破包围后从敌侧后反攻，再次挫败来犯之敌。

红七军屡战屡胜，吴光浩骁勇善战的威名令敌人寝食难安，遂派大批特务潜伏到鄂东各地，收买叛徒，安插暗哨。

1929年5月，吴光浩化装成商贩，带了十几个携短枪的战友，凌晨从白龙寨出发，经黄安往大别山北麓的河南商城组织武装起义。中途经罗田藤家堡，在餐馆用完餐结账，一个战友撩衣襟取腰包时不慎露出枪柄，被餐馆老板看破。他是民团头目夏凤池的坐探，用暗语指使伙计从后门去报信。夏凤池将全部人马埋伏在去商城必经山道险要处，并飞报县城敌军增援。

吴光浩察觉异常，命令丢弃油篓扁担等赘物，跑步冲过险要山道，可惜仍被反动民团抢先了一步。吴光浩和他挑选的战友个个身手不凡，反动民团哪是对手？遭遇战中他们几乎将反动民团消灭殆尽。可是敌人援军到了，英雄们的子弹也打光了，只好捡起反动民团尸旁的枪再战，与敌人拼刺刀，甚至搬起石头砸，进行激烈的肉搏战……终因寡不敌众，吴光浩和战友们全部壮烈牺牲！

噩耗传到白龙寨，传遍白龙山、木兰山根据地，红军战士和父老乡亲失声痛哭，悲情撼天动地。

观音殿僧侣绝食三日，日夜诵经超度亡灵，山下信众和百姓纷纷涌上白龙寨吊唁。当观音殿撞响致哀钟声，山下的白龙寺、隔山的木兰山上古寺和不远的三台寺也同时撞钟，轰鸣声在山谷久久回荡。

杜鹃泣血说石丘

野村谷自然景观与人文景观互为底蕴，其中最深厚的一块是红色文化，沉甸甸地搬进了规划中的野村谷革命传统教育基地陈列馆。一张张珍贵的黑白照片，一页页发黄的史料，记录了包括野村谷周边几个村庄在内的石丘惨案全过程。

1938年10月，黄陂县城和武汉同时沦陷，黑云压城城欲摧。而抗日将士并未沉沦，新四军转移到大别山深处，联合国民党军队，与日伪展开持久的游击战。我第五、第六大队接连在王家河及相邻乡镇告捷，全歼李汉鹏的日伪第八军，又联手国民党军队第七大队，处决了甘露日伪维持会会长魏勉武。驻守黄陂县城的日军中队长门协惊恐不安，纠集汉麻公路、陂汉公路各据点日军七百多人，企图以优势兵力合围扫荡王家河一带抗日武装。我军及时截获了情报，在群众掩护下化整为零，分头转移。门协的三路人马屡屡扑空，恼羞成怒，密谋了一个罪恶的报复计划。

1939年9月1日（农历七月十九日）深夜，门协让魏勉武的亲侄儿魏翳云引路，亲率中路日军从任家大湾出发，与东路日军合围王家河，令北路日军奔袭柑子树村刘湾后会师王家河的石丘。黑暗中铁蹄所至，烧杀淫掳，火光冲天，血流遍地，真正成了暗无天日的地狱。

翌日黎明，三路日军将王家河镇及周边王家大湾、大小李湾等五六个村庄的男女老幼全部驱赶到石丘。这里是大片稻田，日寇看中了这里平坦开阔，列队举起刺刀，架起机枪，将手无寸铁的群众团团围困起来，在烈日下暴晒。

午后，门协策马绕人群一圈，骑在马鞍上叽里呱啦吼叫几句，魏翳云跟在马屁股后面翻译：“中国有句老话叫秋后算账，今天是大日本皇军与你们算账的日子。你们中间，谁是伪装成老百姓的新四军？谁是新四军的家属？谁窝藏过新四军？谁给新四军通风报信？回答我！说了就是良民，良民现在就可以离开这里，回家。”

刚才还惊恐不安，悄声议论的村民们，顿时鸦雀无声，哭闹的小孩被大人捂住嘴巴。一阵难耐的沉默……

门协突然抽出武士刀挥舞着，脸色狰狞地咆哮：“既然你们不回答，那么你们统统是新四军！良心大大地坏了！”

门协这是下达了屠杀令。

石丘稻田旁有一小块低凹的芋头田，在昨夜围捕中侥幸逃脱的道士刘湾青年刘德观，趴在茂密的芋头叶下。他屏声静气，目睹了血腥屠杀的全过程：

先是，十几名青壮年村民从人群中被挑出来充当苦力，强迫他们给刽子手洗刀、掘尸坑。接着，日兵将村民逐个捆绑串连成五人至九人一排，逐排拖拽到稻田中央踹倒跪下。刽子手从十米开外跑步冲过来，屠刀劈下，血柱冲天，人头落地。再接着，日兵用枪托击打着逼苦力抬走尸体，腾出场地，拖拽出另一排连成串的村民……

轮番屠杀持续到残阳如血时分，还有近百村民未杀完，刽子手累了，抬尸的苦力也瘫倒了，任鬼子怎么踹打也站不起来了。

门协见状，朝一个军曹耳语几句。军曹便下令解开剩余村民的绳索，并大喝：“开路！统统开路！”

村民听了一时发蒙，继而猛醒，拔腿四散逃命。可是没跑多远机枪就响了，人群一个个仆倒……

刘德观躲在芋头田里看得真切：只有两个跑在最前面的壮年男人没中枪，日兵追杀不及，死里逃生。

当我新四军闻讯赶来救援时，日军已撤退。现场尸坑堆成了尸山，尸体填满了田边水塘。事后清点，能查出姓名的尸首就有278具，加上日寇在各村和集镇杀害的村民，共有480多人罹难。

惨绝人寰的大屠杀更加激发了抗日斗志，王家河每一个村庄都成了战斗堡垒，军民同仇敌忾，先后拔除了麻汉、汉陂日军据点，龟缩在县城的门协最终也未逃脱覆灭下场。

野村谷距石丘步行不过半小时路程，当年这里能闻到大屠杀的血腥味。在陈列室，有一张历史照片赫然入目，那是1963年王家河人民重殓石丘遇难同胞骨骸修建的公墓。久久凝视照片上高高矗立的纪念碑，聆听山林里杜鹃鸟的啼声，看漫山遍野的杜鹃花。想必杜鹃鸟也难忘这场血案，“疑是口中血，滴成地上花”。

太子桥和香枫树

太子桥在野村谷大门口。驴友一路寻访至野村谷，迎面与一座石砌木雕的门楼相遇，只顾仰望它高大巍峨的气派。而太子桥静悄悄横亘在门楼左侧堰河上，乍看不起眼。

走近细观，太子桥是遥远年代的古人以两块长石板铺就，石板两端的桥基是用干垒法筑的石墩。桥面上碾出两道石槽般深深的车辙。可以想象，这座小石桥千百年来碾过了多少木轱辘的牛车、马车、独轮车。如今看似沟渠的窄窄一条堰河，当年应该是山谷里汹涌的溪涧，两岸险峻的山道必是南来北往的商贩和方圆百十里村庄村民上山下山的必经之路。

石桥头有两棵古香枫树，树干笔直，华盖参天。眼下正值枫叶红了的中秋时节，五角枫叶在朝阳夕晖的笼罩下，像一树闪闪的红星。

野村谷一带的村民，将这两棵树奉为神明。他们说，用枫叶和果实熬水洗浴，不但可以治疗皮肤瘙痒和疮痂，疗效神奇，还可驱邪健身，吉祥平安。

这两棵为过往旅客和当地百姓遮阳挡雨，造福桑梓的神树，是谁栽的呢?

原来，石桥那头，山径拐弯处有一座太子庙。说是庙，其实就是一个云游和尚搭的茅庵。和尚自称药僧，每日白天上山采药，晚上念经之外，饱读药书，能将《黄帝内经》和《汤头歌》倒背如流。凡周遭百姓来拜佛问诊，药僧望闻问切后，送一包草药，药到病除，不收分文。年复一年，远近善男信女感佩和尚功德医道，捐谷捐粟，兑成碎银，打算积少成多，为药僧也为父老乡亲自己建一座砖砌瓦盖的庙宇。

眼看庙宇奠基指日可待了，可是突发一场山洪，肆虐村庄，也冲垮了山道上唯一的独木桥。村民的田地颗粒无收，饥肠辘辘，哪来财力修复垮桥？而桥断路堵更加重了灾情。

药僧便将香客捐赠的建庙银子悉数捧出，交给村民修桥筑路。村民自发出义工，建成坚固的石板桥，命名药僧桥。药僧翻山越岭挖来两株香枫树苗栽在桥头，继续栖身茅庵，安之若素。

不料某日天降横祸，大队清兵突然包围村庄，挨家挨户搜捕药僧，把山林都搜遍了。而药僧已人去庙空，了无踪迹。

有谁通风报信吗？没有，药僧已是得道高僧，昨夜他念经时，忽有一阵阴风吹灭油灯，远处隐隐传来杀气腾腾之声，茅庵外险象环生。他当机立断，连夜出走，云游四方去了。

官兵捕了空，恼羞成怒，一把火烧了茅庵，悻悻撤兵。

村民一时不明就里，猜疑纷纷，便询问三隐书院的秀才。时任书院山长是辞官归隐的七品县官，他说药僧并非凡人，乃前朝崇祯皇帝的三太子，当年躲过李自成杀戮后逃出京城，隐姓埋名，不问世事，栖身山野修行。而当朝清帝不放心，视为心头大患，前后几个皇帝都在搜捕追杀，必欲置之死地而后快。百姓闻言，纷纷祈祷三太子吉人天相，改口把药僧桥叫太子桥。

史料记载可以佐证民间传说并非空穴来风：崇祯十七年（1644年）甲申之变后，李自成率大顺军攻入北京，崇祯自缢前令三个太子出宫匿于王侯府中求庇护。长子出宫后走失于民间，三子和四子双双藏进嘉定府，却被嘉定侯出卖。其中四子朱慈炤即永王，因在太子中排行第三，民间称三太子，他面对李自成临危不惧。

“十九日，闯王入，求上及皇太子……永王拒不行君臣礼，只长揖。闯王问：若父何在？孤必无杀意，何不出一见孤？永王答：不能面受卿辱，自缢宫中。

“四月九日，复入朝，闯王命跪，永王不屈：何不杀我？闯曰：汝无罪，如免。”

李自成撤离北京后，永王与其兄逃出嘉定府失散。永王逃到河南乡村耕田自食其力。清军闻讯追捕至河南，永王又逃至安徽凤阳他的祖宗朱元璋的故乡，被王姓乡绅收留，改名王士元。王乡绅去世后王士元被其后人猜忌，无奈流浪到湖北大别山落发为僧，云游到野村谷搭茅庵修行，悬壶济世。不料当朝皇帝又追杀过来，再逃到浙江余姚，在一废弃的古庙栖身……

康熙四十七年（1708年），已经75岁且已还俗成家再次改变身份的明代末朝三太子——永王朱慈炤在山东被捕，全家处斩。

民间传说和历史记载往往是相辅相成的。在野村谷，太子桥和古香枫树演绎的三太子变茅庵药僧的故事，有眉有眼，有根有梢，令到此一游的驴友平添思古之幽情。

山肩上的野村

从野村谷山下仰望，观音殿和晓山顶两峰携手并肩，仿佛自然界两个好兄弟，齐心协力抬起一副人文景观重担。是的，山肩上承担着一座古老的野村落。

上得山来，但见芦花如絮，菖蒲似剑，一丛丛艾蒿散发着浓郁的清香。却不见古村落的蛛丝马迹。

原来，秘密掩藏在两山相连的肩胛处，一幢幢石头房屋遗址被纵横的荆棘遮蔽了。

向导带领我们拂开炫目的蒲公英，涉着没膝的茅草，披荆斩棘探索。先找到一间坍塌的石屋遗址，从墙基走向可以看出房间结构布局。又找到一间，再找到一间……在山势平缓的向阳背阴处，约有二十余幢石屋毗邻隔户，足以想象当年鳞次栉比、错落排列的村落模样。缓坡下，是一片片梯田遗址，垒得方方棱棱的石阶原貌还在。

接着，又发现了一眼古井、一个大磨盘和引水石槽、勒石符号。满地陶钵瓦罐碎片俯拾皆是……荒山野岭上分明保存着一个完整的古村落遗址。

我们驻足凝视，透过眼前弥漫的芦花飞絮，依稀看见炊烟袅袅，恍若听闻鸡鸣狗吠，有衣衫古朴的村夫农妇影影绰绰。

若要考证这座山野村落的村史，据史料记载，一说始建于元朝至正年，另一说早在南宋末年，因山势险要，易守难攻，便有山大王聚啸山林。几百年间，山头变幻大王旗。其中最著名的是大别山人徐寿辉（1320—1360年），他先是杀了恶吏投奔白莲教，因骁勇善战取教主而代之，易帜为红巾军，以大别山系各大山峰为大本营，号称三十六堡七十二寨，大败元兵而自称天完皇帝，又与朱元璋争夺天下战败而亡。白龙山上的寨墙石屋，正是他当年屯兵攻防的兵营之一。其后山寨兵营屡毁屡建，清朝捻军起义，白龙山人王正起就在此山兵寨与捻军激战立功，官至正一品振威将军。

笔者认为史料有失偏颇。回顾历史，山寨城堡和山上村落，也是战乱频仍中白龙山一带黎民百姓躲避战火、抵抗兵匪的防灾家园。而且无论是谁盘踞山上，这里的一砖一石、一草一木，尤其是那整齐的梯田，想必多是勤劳辛苦的白龙山农民用血汗建造的。往更远古处说，是世世代代生于斯长于斯的白龙山原住民的祖先，筚路蓝缕，以启山林，在山肩上缔造了延续几千年的农耕文明村落。

臆想山肩上的野村模样，在相对平安无事的年代，这里五谷丰登，六畜兴旺，山民不知有汉，无论魏晋。偶有山下访客商贩上山，便如陆游那首脍炙人口的《游山西村》所云：“莫笑农家腊酒浑，丰年留客足鸡豚。山重水复疑无路，柳暗花明又一村。箫鼓追随春社近，衣冠简朴古风存。从今若许闲乘月，拄杖无时夜叩门。”

银杏庄园的幻象

野村谷一大特色是一行行、一片片的银杏林。事实上，这里原先的地名就叫银杏庄园。两万多棵银杏树从山庄大门外公路两侧英姿飒爽地排列入园，齐刷刷挺立在纵横交错的盘山道和星罗棋布的园林阡陌上。

银杏有“国树”之称，但凡古老村落，少不了银杏的身影。过去有个说法，中国有九大银杏林，分别在浙江的湖州、富阳，陕西西安的终南山，广东南雄，云南腾冲，广西桂林，贵州妥乐，辽宁丹东及湖北安陆。而随州人觉得，这个说法说漏了他们的家乡，大洪山的一对千年古银杏举世无双。

野村谷人则说：我们正在打造湖北的银杏之乡。野村谷的银杏很年轻，不过十年左右树龄。唯其年轻，正朝气蓬勃，前景令人遐想。

眼下到野村谷观赏就够令人遐想无穷了。正值深秋，白龙山万山红遍，层林尽染，而山谷与山上唱反调，满谷尽带黄金甲。密匝匝的银杏树林荫道上，飘落的银杏叶铺成一条黄金地毯，铺向山谷纵深地带。明黄的、暗黄的、深黄的、浅黄的，细辨又有金黄、橙黄、谷黄、鹅黄……黄得恣意放肆的银杏叶，在穿林阳光照射下，折射出精灵古怪的色泽，炫耀出令人迷醉的黄金世界幻象。

银杏叶色泽漂亮，功能也很神奇，可制茶、入药。用银杏叶做的枕头还可治失眠，平衡血压。

银杏树又名白果树，果实剥壳后呈乳白色，与西芹清炒，翠白相间，赏心悦目，佐酒最妙。而银杏木材质坚硬，木纹细密，材形笔直，是打造高档家具的好材料。

当然，野村谷的名贵树木不只有银杏。万亩山林中，珍稀树种、植物比比皆是。白龙山属大别山一支，绿色基因库资源一脉相承。野村谷山林深处的原始森林，古木参天，藤蔓缠绕，奇花异草深藏其间。如果驴友有意进行一次密林探险之旅，务必先做好攻略，带齐装备，则可能在原生态的野山野水野林中发现许多新奇的标本。

而野村谷作为名副其实的花果山，驴友不必冒险深入就能体验。比如大别山特有的古杜鹃花群，春天在野村谷周边的山坡上随处可见，大片大片的，开得如痴如醉。果树如板栗、核桃、樱桃、猕猴桃、杏、枣、苹果、梨、葡萄等，还有野味十足的山楂、罗汉果、桑葚、松茸、木耳……若来得是时候，应季果实可以亲自采摘，品尝起来就别有一番滋味在心头。至于春茶，不仅随你背起茶篓走进茶园，半天才捋得一捧雀舌般的嫩芽尖，而且任由你自行去茶坊炒茶。只要你把火候掌握好了，就可以自斟自饮一杯自采自焙的炒青……

凡此种种，野村谷的确是厌倦了都市喧嚣的中老年人向往自然、回望乡野、返璞归真的好去处。

野村谷也有令青少年怦然心动的奇妙景象，那就是萤火虫之夜。

近年时常听闻某地举办萤火虫晚会活动，听起来美妙诱惑，其实是举办方花钱雇人从异地捕捉了一些萤火虫拿来放飞，数量少得可怜，而且戕害生灵，强制其迁徙的萤火虫难以在异地生存。据说还有公司专营捕捉萤火虫盈利，这是破坏生态的违法经营。科普常识告诉我们，萤火虫不能迁徙，即便在它的故乡，它也只能在特定区域生存繁殖。

小驴友不妨到野村谷来看萤火虫。从盛夏到初秋，在野村谷的半山坡上，当夜幕降临，繁星满天，先是一只两只萤火虫冷不丁冒出来，如星星之火，像流星划过，稍纵即逝。接着，一串串，一团团，一片片，无以数计的萤火虫集群像火花绽放，银河倾泻，看得人眼花缭乱。这些黑夜的精灵打着小灯笼在林木花草间曼妙起舞，舞姿流光溢彩，一如金星闪烁，银屑飞溅，与天上繁星遥相呼应……

酒窖和楚樽阁

近年时兴埋藏酒。有人把瓶装的好白酒、红酒和坛装的粮食酒埋藏在自家阳台、小院的花圃里，或者寄埋在农家田园，说是要埋它十几年、几十年，等儿女婚嫁或者自己六十大寿再挖出来开怀畅饮。其实，并非什么酒都是越陈越好，勾兑的白酒和许多红酒，品牌再好也不宜久藏。能藏的酒也对温度、湿度和通风条件有严格要求。藏酒有道理，埋酒是笑话。

汝果真欲藏酒，何不藏到野村谷去?

野村谷有酒堡，酒堡底下是酒窖，酒堡上头高张的酒幌子，“酌道酒庄”四个大字赫然入目。

酌道酒庄专事藏酒，这在武汉三镇乃至周边城郊目前恐怕独一无二。这里藏酒明码标价，论斤论坛，纯粮固态发酵的四种标号高度酒，一坛子从二十斤到二百斤不等，藏家选定即编码定格，记录姓名年份，在恒温恒湿的地窖密封久藏，直至预定的出窖开封日。

无须问道牧童，嗅着诱人的酒香容易找到一座半地下式城堡。穿过古色古香的石桥，拾级而上，城墙上方草坪中央，矗立着高大的杜康塑像。酒神举杯遥祭苍天，仿佛一个升帐点名的酒元帅，而他的兵马是城墙上下，酒堡周围一排排一列列井然有序的酒坛子。坛颈封口的红布和坛肚子上棱形的酒字帖，像将士们威武的盔甲。不见杀气腾腾，但闻酒香氤氲。

野村谷景色以野趣取胜，驴友赏心悦目之余，不妨往酌道酒庄走一遭，品一盅地道的窖藏烈酒，更感慨这里的山水野劲十足。

酌道酒庄的康庄主以酒代茶款待客人，酒案上一溜精致小巧的白瓷杯斟上度数不同的白酒，请客人逐杯品尝。

“请问，品出了不同滋味吗?”

不待客人回答，康庄主接着说：“品酒，其实是品时间的味道。”

他这话像是玩深沉，乍听以为是酒徒醉话，想想却也颇有道理。凡饮酒者都是成年人，总有些年纪了，以酒助兴也好，借酒浇愁也罢，杯中物不过是媒介，借助它回味走过的人生，品评明天的旅程，说白了，泛在心头的都是时光的滋味。

“这些纯正的粮食酒绝无勾兑，各杯不仅酒精度不同，而且窖藏年份也不同。按烈度由低到高，年份由短到长依次排列。想必您已品出不同，最先品出淡雅清香，渐次品出沁脾芬芳，最后品出浓郁醇厚，回甘无穷。”

经他一点拨，虽然客人并非行家，却也品出了种种人生况味。

接着，康庄主引领客人下酒窖参观。不看不知道，一看更觉挖坑埋酒荒唐可笑。这里洁净干燥，冬暖夏凉，严格掌控空气变化，一排排一摞摞的藏酒架像博物馆的博古架和图书馆的书橱。可想而知，一坛好酒是如何在舒适的环境里经年累月，酝酿成时光的琼浆玉液。

酌道酒庄是野村谷的园中园，酒堡背倚山峦。在城堡墙头仰望，一片平缓的山坡开阔地延连到高处密不透风的山林。康庄主展开了厚厚一本图文并茂的蓝图，这是规划中的楚樽阁模型。

原来野村谷并不满足于只有一个可以藏酒的酒庄，正在以酒堡为起点精心设计，雄心勃勃地打造一座美酒古城。

康庄主描述说，楚樽阁将以藏酒、品酒为主题渐次布局，亭台楼榭和园林景观尽显楚风楚韵，再现荆楚历史风貌。而酒宴礼仪、音乐舞蹈则将不同历史时期、地域的风格兼收并蓄，运用声光电科技追求美轮美奂的效果，在这里充分演绎中华几千年博大精深的酒文化。

假以时日，再来野村谷的驴友就可以访问楚樽阁这个小小的酒文化王国了。届时“入境”可能要入乡随俗，比如沐浴更楚服，焚香执楚礼。品一樽美酒时，佐酒的是古琴古乐、楚辞九歌。

返璞归真耕心田

游野村谷，如果不是像文人骚客那样发思古之幽情，翻山越岭去凭吊历史文化遗址，驴友会以为这里与寻常景区大同小异，无非山水园林、亭台楼榭，小桥流水外有游艇画舫，鸟语花香处有曲径长廊。

其实不然，野村谷另辟蹊径，为驴友打造了一片田园风光。在这里驴友可以尽地主之谊，款待亲友，“开轩面场圃，把酒话桑麻”。是的，这是孟浩然诗作《过故人庄》中的句子。诗中描述说：“故人具鸡黍，邀我至田家。绿树村边合，青山郭外斜。开轩面场圃，把酒话桑麻。待到重阳日，还来就菊花。”且看野村谷的一处田园像不像诗中描绘的故人庄：

山林绿道旁一大片肥沃的田地，用篱笆隔成棋盘似的方格。每一块方格是一陇精耕细作的熟地。依四季不同，大小不同的长方形、正方形田埂里长着应季时令蔬菜。但凡爬藤的、挂果的、梗叶的、块茎的，青红白黄各色蔬果，绿油油长势喜人。田畴外斜坡上，依次排列着锹、锄、镰、耙、犁、瓢等十八般农具。田间纵横的小径，统统通向围在菜地中央的一口池塘。塘边一头等待套犁耕田的水牛在漫不经心地啃着地上青草，而塘中一群不干活的鸭子正在悠闲戏水。四五块木跳板搭在塘沿四周，随时等待耕田人来担水浇灌或洗濯。跳板一端备有木桶、扁担和竹篮、箢箕……

目睹这般田园光景，难免唤醒一些驴友尘封心底的愿望。感慨乡愁难系也好，希冀诗与远方也罢，说到底，城市来的驴友怅然若失，缺失的其实就是一小块自主拥有、自由耕耘的心田。无论种菜栽花，亲自收获的才是不枉此生的精神慰藉。然而滚滚红尘的匆匆过客，即便在城里拥有豪宅，终究上无片瓦下无立锥之地。中老年游客触景生情，感慨尤多。

而游历野村谷，庶几可以了却心愿。在篱笆墙里随便挑选一个小方格，你便拥有了一块田地，包租下来春播秋收，自耕自食之余馈赠亲友，其乐无穷。无暇无力亲自耕耘的也可以只当地主，雇请当地农民代耕，约定严禁农药化肥，确保绿色无公害的收成。

一声悠长的牛哞将驴友唤进菜园，随心所欲摘一篮新鲜蔬菜，挽篮拾级而上，山坡上便是亲子厨房。厂房车间式的开放厨房宽敞明亮，石垒砖砌的灶台，铁锅劈柴烟囱，一应俱全的灶具。驴友可以一试身手卖弄厨艺，也可以现学烹饪，请教一旁的村夫农妇做农家菜。所以说在野村谷尽地主之谊不是诳语，驴友竟能像故人邀孟浩然一样邀约游伴，把盏话耕耘。

厨房旁的高坡上有豆腐坊。驴友上去切一块纯手工循古法打的老豆腐，欲煎一盘两面焦黄的小葱豆腐款待同伴、犒劳自己，不期却把浸豆、磨粉、滤浆、点卤的过程全参观了，顺手舀一瓢嫩滑香甜的豆腐脑品尝了，还可以看到一些稀罕器皿。

豆腐坊刻意打造成了一座农耕文明博物馆。这里陈列着风车、水车、独轮车、磨盘、石碾、铁铧、木犁、对臼、陶罐……最难得的是，这里还收藏了一套榨坊设备，目睹光滑油腻的木质榨具，耳际恍若响起沉重有力的撞击声，眼前仿佛浮现光裸着油光水滑的脊梁的农家壮汉，他们凭借胳膊上鼓爆的铁疙瘩似的肌肉的力量，神奇地榨出晶亮黏稠的油汁。

其实每个人都有一块心田，是任其荒芜，还是灌溉它、耕耘它，取决于其人的志趣和能力。驴行野村谷，看够了野景，难免滋生几分野心：此生能否当一回拥有一块土地的农场主？哪怕只谋得半亩、几分田地，同行的驴友徐先生说，或许不久的将来，有创意的耕耘是一种体面的职业和生活方式。

彼岸江湖

建林

我的第二故乡——监利，那时人稀地多、广种薄收，是接收武汉知青最多的县份。我赶上知青下放实行“厂社挂钩”，即由知青父母所在单位对口农村社队，建知青点集中安置下放知青。

下放一年多后，我被抽调到县革委会知青办公室任知青代表，主要职责是采编《广阔天地》，一本用钢板、铁笔、蜡纸、油墨手工推印，简单装订出版的季刊。我在中学年代就学会了刻钢板，这段知青记者经历，为我后来一辈子从事记者编辑职业打下了扎实基础。

由于身份特别，两年多时间我跑遍全县各公社，广泛接触了一大批形形色色知青，看见和听见太多知青故事。当知青岁月成为越离越远的历史，回忆、记录文字愈来愈多，我的感受却与那些故意溢美或格外丑化的说法不同。

致命的幼稚

有一年春夏之交的一天下午，临下班

时县知青办突然接到县公安局电话：速派员赴县北某社协查知青命案。知青办立即安排一位副主任带上我，随县人民医院从外科指派的一名临时法医，搭乘一辆吉普车赶赴现场。路上得知，死者是某大队知青点知青队长，三天前失踪，今天下午在荒丘草丛中发现遗体，公安人员侦查现场后移尸公社卫生院待解剖验尸。

我们赶到卫生院后看到尸体匍匐在手术台上，左腿半跪，左手撑在胸下，右臂朝前伸直，手上还死死握着一个空酒瓶。这显然是案发现场的死姿，像踉踉跄跄跌倒的姿态。虽已初夏，连天阴雨，案发地是阴凉的风口，故尸首僵硬，并无腐烂。法医在家属的见证下将尸身翻成仰躺状，见塞满草屑的嘴鼻有少量浅棕色不明液体流出，一股强烈的酒精味夹杂着刺鼻的大蒜味弥漫开来。法医说大蒜味是农药。他剪开死者汗衫短裤，仔细查看了仅在双臂双膝发现的擦伤后，建议暂不解剖，请公安人员带他去现场搜寻补充证据。结果他在现场找到一个250毫升的有机磷杀虫剂空瓶，瓶口残留的封皮有咬痕，药瓶标签完好无损，“E-1059”几字赫然入目，是一种剧毒农药。

法医断定死者是经过一夜激烈思想斗争后，黎明前夕到荒丘，先服农药再饮酒自杀。建议不解剖，让死者完尸安息。

家属对法医结论强烈不满，说死者生前绝无饮酒习惯，并质疑：自杀动机何在？

这时公安人员已逐个完成对全体男女知青询问笔录，皆不相信他会自寻短见，却一致认为他近来情绪低落，反常地寡言少语，与他邻床的一知青说他彻夜辗转反侧。

法医建议公安人员再次搜查宿舍，从床垫下搜出了死者的日记本。他的近期日记仿照“子系中山狼，得志便猖狂；金闺花柳质，一载赴黄粱”诗体，将全队男女知青逐个点评、抨击了一番，字里行间充满愤慨、委屈、绝望情绪。

许是家属自知其人性格特征，确认笔迹后放弃了解剖尸体追查疑凶的要求。

原来死者下放前是校级学生干部，品学兼优。但下放后他带领的同届知青并不同校，只是父母属同一单位，尤其其中掺杂了几个大队从各小队迁移来的“老贩子”（老知青）。他已不能像在学校那样一呼百应，却坚持每天出工前集合，列队出操，用战斗命令方式分派农活任务。“老贩子”啧有烦言，“新贩子”（新知青）敢怒不敢言，便消极抵制。他希望得到大队支书的支持，支书却让他学各小队长派工，当晚收工时交代第二天活路，翌晨吆喝一声就行了。他怀疑新老“贩子”合谋与他作对，向支书告刁状，由失望而绝望。可以想见，他听了多少冷嘲热讽才在日记本里辛辣回击……

那个夜晚，佩枪的公安人员嘱副主任和我守在手术台前彻夜盯守，以防不测，他自己却躺在门外长椅上鼾声大作。为了通风敞气，我们不敢关闭门窗，一盏昏黄的吊线白炽灯在偷袭的夜风中不安地摇曳，一台破旧的摇头电风扇对着尸床嘎嘎吱吱怪叫着。如此近距离与尸为伴，才二十郎当的我却并无恐惧感，只有悲叹像一团塞满心胸的乱麻，似要从发涩发痒的喉咙管里冒出来。

眼前横陈的胴体，有一副颀长身架，五官端正，一头浓密硬发还蓬勃着，不期却以如此结局暂留人间。

他不仅与我同届同龄，身份处境也颇相似。我在中学年代也长期担任校级学生干部，下放后任知青水场副场长，“领导”的“新贩子”虽只五人，大队却将各队十几个“老贩子”都调到水场出工。这些“老贩子”视“新贩子”为小学生，很难缠。

一日，场长宣布全体去一户贫下中农家帮助新房封顶盖瓦。“老贩子”欢呼雀跃，“新贩子”不明就里。原来农户盖房是大喜事，即便在当年物资紧缺年代，也要举行上梁封顶仪式，往往请求队干部安排知青支援。虽属私活不记工分，却可吃台子（农家宴），而知青都不在乎那点工分。下午，眼见屋瓦盖得差不多了，户主喜滋滋吆喝大家喝水喘气，每人派送一包“双砣”（一毛三一包的红桔牌香烟）。派送到我跟前时，我摆手谢绝，说我不会抽烟，不料闯了大祸。

户主刚离开，“老贩子”们纷纷逼过来，朝我吹胡子瞪眼睛，恨不得把我生吞活剥了：

“装！你不会抽就不会收下分给我们？”

“男人不抽烟，又屁又奸！男人不喝酒，莫在世上走！”

"……"

他们不把我这个副场长放在眼里也罢了，竟然恶语辱骂，我目瞪口呆。场长和户主闻声赶来，场长只是笑着呵斥了"老贩子"几句，又找户主要过一包烟，当众撕开，代我分发给他们，他们这才讪笑着罢休。

我的愤怒、委屈难以言表，只感觉脸上像高烧一般发烫。但我很快就压住了噎得胸口疼的怒火。这时大队支书也来祝贺封顶，一帮大小队干部围住支书说笑了一阵子。当他们离开后，候在一旁觊觎已久的"老贩子"们像饿狗扑食一般冲过去，争抢一地的烟屁股（烟蒂）。须知那时"双砣"是有钱也买不到的凭票供应商品。平常"老贩子"们都是学着贫下中农，把生烟叶子卷成喇叭筒状抽着过瘾。而那时的烟蒂无过滤嘴，捡回去把相当于四分之一支烟的烟丝卷成纸烟就算是奢侈品了。而我却在"老贩子"虎视眈眈下拒绝了一整包"双砣"，你说我幼稚不幼稚？

幸亏，我这个副场长只当了不到两个月就被一纸调令解救了。公社文教组令我即日起赴公社中学任教，场长安排一个贫下中农，用一辆独轮车把我连同我的行李送走了。

如果我没走，我不一定比眼前长睡不醒的这位更幼稚，但很可能更执着，由着性子在广阔天地经风雨见世面后，焉知能否留得一副囫囵形骸？

侠肝义胆怪僻客

我没见过老王，当我下放落户到知青水场时，他已经参军走了。与他落户同一生产队的“老贩子”带我去指认过房东家他的床铺，那床千疮百孔的棉絮还扔在床上。他是“老贩子”中资格最老的，一九六六届。他怪异的言谈举止，行为表现在监利知青和贫下中农中口口相传。

据说老王是知青中生活最寒酸的，他自嘲“穷得叮当响”。房东借给他一口锅，他没有锅盖，就把洗脸又洗脚的搪瓷盆反扣在锅上焖饭。每到揭锅时，他龇牙咧嘴准备挨烫，倒抽一口冷气飞快地捧起盆子，“哐当”一声摔在地上。砸得坑坑洼洼的盆子再捡起来当碗盛饭，挨家挨户去讨咸菜咽饭。

在村民眼里，城里来的洋学生，其父母在企事业单位月月拿工资，必定个个家庭富得冒油。他们的这种印象，也是目睹一些知青的生活习惯造成的。其实，多数知青的城里家庭生活过得紧巴得很，父母心疼儿女在乡下受苦受累，从牙齿缝里省几个钱，每隔两三个月就五元、十元地汇款给儿女。也有些知青利用父母的同情心，时常撒娇耍赖向城里父母伸手要钱要物，在贫下中农面前却摆阔装富，惹得房东家同龄人眼羡不已。老王却不同，贫下中农见他穿戴寒酸生活窘迫，便好奇地问他在城里的父亲是干什么的。他说，收破烂的。母亲呢？扫大街的。他的回答惹来一些人窃笑，一些人将信将疑，他脸上一本正经，坦然得很。

老王固穷，却极有骨气。一般“老贩子”们对普通贫下中农恶语相加，见了队长书记却如老鼠遇到猫，掉头就逃，逃不脱就唯唯诺诺，溜须拍马，还时常送礼巴结，生怕城里招工指标下来时不被推荐。老王反其道而行之，敢对大小队干部冷嘲热讽，路见不平时甚至破口大骂，全然不怕得罪。而与老实胆小的贫下中农打交道他却格外客气。凡队里乡亲有托到武汉求医问药的事，他一概应承。

有一年刚进腊月，知青们照例陆续找借口早早回城过年，老王挨过了小年才动身。他几乎是强迫式地将孤寡的房东老爹带回城医眼疾，并留老爹在武汉家里过完年才送回乡下。这一趟房东老爹犹如刘姥姥进大观园，回队后逢人便绘声绘色描述在城里见到的“洋广”，村里男女老少将老爹团团围住，听得羡慕不已，啧啧咂舌。不过当有人问起老王家境到底如何时，房东老爹就支支吾吾，语焉不详。

就在这年开春不久，老王遭了殃。不过民兵连长先遭了殃，老王揍得他吐血。起因是春耕大忙时，一个家庭出身不好体质又虚弱的女知青累得吃不消，民兵连长假惺惺替她向支书求情，照顾她到小卖部当营业员兼保管员。女知青将铺盖行李搬到小卖部当天晚上，民兵连长闯进去强奸了她，并威胁她不准声张。她不敢说却忍不住哭，哭声惊动了“老贩子”们，陆续赶来询问究竟，却敢怒不敢言。

老王来了，一把扯起受害女知青就走，要去公社和县里告状。“老贩子”们这才响应跟随。

不料民兵连长是公社武装部长的小舅子，他带了一个持枪民兵拦在路上。那是备战年代，各大队都配发了几支部队淘汰的步枪，虽不配发子弹，枪口闪亮的刺刀还是蛮吓人的。民兵连长说女知青是黑五类子弟，企图引诱他他没上当，逼迫女知青回去写坦白状。他还警告男知青不要闹事，马上就有招工指标下来了，别到时候后悔。

众知青犹豫不决，唯老王一马当先，飞腿踹倒民兵连长，骑在身下挥拳猛揍。

那个持枪民兵毕竟没经过正规训练，不敢动枪，只敢跑到大队部向公社报告“敌情”。公社派出所两个民警骑三轮摩托车来将老王铐走，说是要押送到县里坐大牢。

正当知青和许多贫下中农为老王的安危担心时，一辆军用吉普车接走了老王。原来其父是某野战部队的首长，据说全县也只有公安局局长知道这位高干子弟身份。是老王的父亲亲自来接他的，老王恳求父亲允许他回队与乡亲和知青们道别一声，那位老将军坚决不同意多耽误一分钟，只托人捎信给村里，将儿子的衣被等生活用品悉数留赠给照顾过他的房东老爹。

房东老爹抖出老王那床撕扯得稀烂的棉絮给大伙看，说老王来此插队落户前父亲与他约法三章，其中一条就是不接济他一分钱。老王没钱抽烟，夜里就掏棉絮捻成条状，蘸上辣椒粉卷成纸烟抽。

公社知青办主任也与我谈起过老王，说他问老王：你深更半夜捻棉絮抽烟，是在读书还是在写字？老王说他在研究《资本论》。

“一颗籽”的代价

一些知青在农村名声不好，偷鸡摸狗，当年我还没下放时就听说了。其实恶名声是“老贩子”们自己传播的，他们回城津津乐道“作案”过程。我听了很疑惑：难道农村人事先不防贼、事中不抓贼、事后不追贼？待我下放后才明白，知青偷鸡是实，但兔子不吃窝边草，都去邻村下手。成群的鸡一般不怕人，撒一把诱饵将鸡引到脚前，迅速踩住一只鸡脖揣在怀里，动作之快，猎物都来不及惊叫一声。至于摸狗，村庄的狗大多无主或半无主，知青动手时队里年轻农民也帮忙围猎，得手后就在队里仓库的敞锅大灶烹狗肉，全队青少年包括部分中年都可分一杯羹。主动拿来油盐佐料和成串干尖椒的还可优先分狗腿子肉。这种知青出头大伙打牙祭的事，贫下中农并不反感。

他们反感、痛恨的是知青扒手，比如像白面书生。白面书生是武昌某初中一九六九届的毕业生。其父母是水院讲师，知识分子子弟家境毕竟宽裕些，武汉常有汇款来接济他。可是他却成了一个扒手，练就几乎神偷的本事。当年在那穷乡僻壤，最惨的生产队一个强壮劳动力出一天工的工分值才九分钱，哪怕他手痒难忍，也找不到行窃对象。他就四处流浪，跑县城，跑与白螺矶一江之隔的城陵矶和岳阳，倒流武汉，寻找扒窃对象。

那时大队小学“戴帽子”办初中班，大队坚决地从公社中学把我要回来了。一天，我有机会一睹白面书生尊容，果然长得白白净净，戴着眼镜，一副书生模样，只是一双眼珠子滴溜溜透出一股贼光。那天初中数学老师有家事要请几天假，托我帮他代几节课，我对一个代数公式知其然不知其所以然，怕第二天上课讲不好，晚上就试着去找白面书生看他懂不懂，不料房东说，他只回来取了几件换洗衣服就跑得没影了。

到了一九七六年，一九六九届知青多半已招工回城。白面书生沉不住气了，回队老老实实出了几个月工，盘算走病转回城的路子，他四处放风说患胃出血多年。政策规定办病退必须有县级医院的诊断证明，他便每周一次去县城就诊。原本无病，怎能弄假成真呢？我事后才知，他的办法还是偷，偷一枚化验室的章子，每周拿上次自填的假化验单去骗门诊医生，医生见化验单上呈阳性的三个加号就再给他开单复查，如此再三，骗得医生诊断证明，再附上厚厚的病历和化验单，他的病转申请书就混过了大队和公社两道关卡。有天半夜他翻院墙进县革委会，敲开我的宿舍门送来病转回城申请书。我心有疑惑，第二天打电话给公社知青办询问，回答说他的申请书证明材料齐全，未发现明显疑点，大队和公社也巴不得“送瘟神”。

县知青办每年年底审批一次病转申请，未等到年底，屡屡能从别人外套内口袋探囊取物的他偶然失手，被扭送派出所。

待他被放出来时一九六九届知青已招工走光，轮到一九七〇至一九七二届知青填表报名了。他急家人也急，其父想尽一切办法疏通一家建筑企业弄到一个内招指标，指名道姓招他，大队和公社睁一只眼闭一只眼让他填了表，体检也通过了，只待录用通知书。

这时又近年底了，他在等待中百无聊赖，同行劝他再干几票，凑足“一颗籽”（100元人民币）就金盆洗手，回汉过个富裕年后就老老实实去工厂上班。他心动了，到县电影院门口钓到了一条“大鱼”，当即买了一件时尚的四兜棉袄穿上，拎了一网袋烟酒点心去县招待所住宿，登记时引起服务员的怀疑。这时失窃人已报案，公安人员盘查到县招待所，生擒了他。他是在县公安局备了案的惯犯，被从重判刑三年。

就在招工单位下达录用通知书的同时，县法院的判决书也送达犯人家属。那位讲师赶到县监狱，见到儿子一言不发，左右开弓掴了两耳光，扔下五元钱给狱警代办必需品，掉头就走。

后来听说白面书生刑满出狱后，主动要求就近落户新生农场。按政策他还有迁户口回城自谋职业的机会，他放弃了。但他也没好好在农场干活，仍像知青岁月那样到处流浪。他已经习惯了火中取栗、侥幸得手的漂泊生活。

破碎的少女之心

我下放农村后才知，“老贩子”收听敌台成风。那时成乡都普及了半导体收音机，稍有点无线电知识，弄几个二极管、三极管改造一下，就能增强收音机搜索短波的功能。收听敌台在城里可是严打的现行反革命罪行，在农村却鞭长莫及，“老贩子”视为儿戏。其实他们并非收听敌台反动言论，不过是收听“靡靡之音”。当年中苏关系恶化，苏联加大反华声调，好似知晓广大知青处境，针对性地日夜播送港台、东南亚、苏联民歌和流行歌曲。记得“老贩子”最喜听、最爱唱的敌台歌曲是《星星索》，都以为是苏俄民歌，其实是印尼民歌，那旋律、节拍、歌词也确实动听：“呜喂——风儿呀，吹动我的船帆/姑娘呀，我要和你见面……”

收听敌台毕竟不是光彩事，一般是在难熬的长夜几个悄悄聚在一起偷听偷唱，心照不宣。但“老贩子”们听得、唱得动容一时得意忘形，一天，一个知青点竟然大白天在知青集合出工时由轻哼而大声合唱起来，激怒了女知青队长。她是“新贩子”，这个大队扩建知青点，把各小队“老贩子”都迁居一起统一管理，任命根正苗红、听话的女知青当队长。女队长向大队支书报案说，有人收听敌台，见支书不甚重视，又向公社知青办报案。公社知青办为了煞风气，让派出所来抓人，将为首的一个“老贩子”戴上手铐抓走了。“老贩子”的女知青恋人见男友遭遇牢狱之灾，惊慌和怨恨交集，当众举报女知青队长偷看黄色下流手抄本《少女的心》。

当时知青中也流传手抄本，其中最刺激的是《少女的心》，内容写一个花季少女被表哥诱奸，始乱终弃，表哥出国另觅新欢，被撇下的少女欲望难耐，夜夜辗转反侧，盼有大胆男人闯进闺房，投怀送抱。文中有露骨的细节描写和表白。在当年物质、精神生活都极其匮乏的环境下，正值青春期的男女知青好奇，纷纷传阅。腼腆些的女知青就夜里躲在被窝里打手电筒偷阅。

被举报的女知青队长面红耳赤，断然否认。举报人进一步指证：“你还想抵赖？是你昨晚亲自找我借阅的！”说着指着一众女知青说，“她们都可作证”，并带几个男知青冲进女生宿舍，从女知青队长的枕头底下搜出手抄本，抖着给大家看，“铁证如山！”

女知青队长仿佛被当众剥光了衣服，先是五雷轰顶般蒙了，接着尖叫一声，双手捂面跑进宿舍，扑倒在床上失声号啕，哭得撕心裂肺。而女知青们都不敢去劝慰，因为她们都偷偷传阅过，各自羞愧难当。

女知青队长几天卧床不起，拒食拒饮。支书怕出事，命赤脚医生强行给她挂瓶输葡萄糖和生理盐水。

举报的女知青则跑到公社邮电所，给被拘男知青的父母拍了加急电报后，就跑到派出所投案，说她也收听了敌台，要求和男友一起吃牢饭。支书派出女民兵把她强行带回，她也卧床绝食。

支书一边安排女知青轮流看守二人，一边准备通知二人的武汉家长。这时，公社知青办主任赶来，冷静地劝阻支书。他悄悄将手抄本中最不堪入目的几页撕掉，召开知青大会，说目前查获的这本手抄本残缺不全，未发现其中有极端黄色内容。但今后如果再发现有人传阅，必严惩不贷。并宣布派出所已审讯完结，未发现被拘男知青有收听敌台反动言论罪行，决定释放以观后效，给予严重警告处分。

一场轩然大波平息了，我迄今仍钦佩公社知青办主任的老练和务实，力挽狂澜于既倒。

但女知青队长坚决辞去了队长职务，变了个人似的沉默寡言。她内心的起伏可想而知。花季少女的一颗玻璃心，原本就像母亲千叮万嘱传给女儿的翡翠玉佛，一直小心翼翼挂在贴着心窝的胸口保护着，不料被粗暴地从胸口拽出来，摔得粉碎。

柔肠寸断女汉子

我第一次见识小林是带学生在操场上体育课时。她驾着一辆马车从学校门前的渠堤上急驰而过，一身红衫绿裤如同当地年轻媳妇打扮，不同的是她脸上捂着一只大口罩。农村学生也调皮，朝她吹口哨，怪笑着起哄。她的回答是突然甩了一个响鞭，“叭”的一声令人心惊肉跳。待马车远去，学生们纷纷围拢来告诉我。这个男人一般彪悍的马车夫就是知青寡妇小林。

小林是一九七二届知青，下放县南第二年，她与本队生产队长谈恋爱。生产队长是回乡知青，虎背熊腰，声如洪钟，擅长唱民歌，小林对他很倾心。消息传到武汉，小林的父母大惊失色，发动亲戚六眷出面劝阻，又双双赶到农村来监督她。可是任凭软硬兼施，小林铁了心，横竖不改初衷。小林的父母恼羞成怒，当她春节前夕返城过年时，拒之门外。小林也倔，掉头返回农村，索性住到生产队长家里过春节。待家人闻讯赶到农村欲棒打鸳鸯时，小林和生产队长已生米煮成熟饭，正月十五趁着元宵热闹结了婚。

小林身怀六甲后，城里的父母于心不忍，担心农村太穷母子营养不良，便将她接回武汉养息。

那时荆江分洪工程正如火如荼，沿江两县百万公社社员日夜在水利工地构筑防洪大堤。她的夫婿是强壮劳力又是生产队长，在与邻社抢进度竞赛中担任突击队长，不料在大堤冒雨合龙时陷进塌方中，突击队队友冒死把他抢救出来，但他已成泥人，没了呼吸。

大队安排妇女主任到武汉找到小林家报信，当时小林的母亲正陪着她在附近公园散步。她的父亲在家接到凶信后催促妇女主任尽快离去，然后竭力瞒住小林封锁消息。说也奇怪，她硬是凭一种心灵感应猜测到丈夫有难，不顾劝阻坚决返回农村婆家。而这时生产队长已变成一堆新坟，婆家在支书劝说下极快安葬，是怕小林回来目睹遗容惨状难以节哀。

小林一进门听说丈夫已入土为安，掉头就抄起院门口一把锹，直奔坟地。家人以为她急着为丈夫上坟培土，急忙跟随。村邻闻讯纷纷跟随，自然形成再次出殡场面。

而小林是要挖开坟土："我一定要看他一眼！"她奋力挖着，谁也无法劝阻，直到支书赶来强行夺走她手中的锹。婆婆和小姑子哭着过来，死死抱住她的胳膊。她左右推倒一老一小，扑到坟头上用双手刨坟土。幸亏这时公社知青办主任也赶来了，要她起立双手接过工程指挥部的嘉奖状和公社追认入党的党员证书，保存、爱护好丈夫的荣誉。

幸而小林没动胎气，顺利分娩。产后她坚决要求生产队分派她赶马车，这是队里强壮男劳力干的活，挣的工分最高。她说她不打算改嫁，要为小林和她的孩子撑起家庭门面。

有一次我去她所在生产队家访，路过时学生指给我看她家的房子。门前两位妇人在聊家常，抱孩子的应是来走亲戚的小林的生母，摘菜的是她的婆婆。

一年后我调到县知青办，后来从县城招工返汉，不知小林后来的故事。女知青与当地农民结婚的事例，全国各地都有。到了知青大返城的年头，很多女知青选择了离婚返城。也有因男方不同意离婚一走了之的，还有安于现状终老乡村的。按政策，小林如仍未再嫁是可带孩子迁户口回城的。我无端地猜测，她已习惯了做一个勤劳能干的农妇，不愿回城。一回忆起知青岁月，我脑海里就浮现出她赶马车甩响鞭的影像。

人犬

一

水灯蹲在门槛上，喝筒子骨藕汤过早。

肥黄在一旁吵闹着也要吃，水灯便拈起碗里一根骨头扔给它。它吧唧吧唧舔尽骨头上的汤汁，再咬断骨头吮干骨髓，然后呜咽两声，似乎不满地说：“光溜溜的连一点肉筋子也没得啃！”

见水灯不睬它，它便踮起两条后腿，把两前爪搭在他端碗的胳膊上，伸长鼻子往碗里嗅。

水灯呵斥着站起来，再拈一块藕塞进嘴里，将剩的小半碗倒进狗钵。

肥黄感激地呜了一声，好像说了句“谢了”，便埋头津津有味地嚼起来。

岔巴子从巷子口过来，右手一根油条上穿着两个面窝，左手指点着水灯：“你半年才煨一次汤喝吧？还舍得分一杯羹给狗？”

水灯懒得理他，只顾跟肥黄说话。

“老子这是克扣自己省给你哩，吃了多长点膘啊！”

肥黄正忙着吃，鼻子里哼出一声：“嗯嗯，呜呜。”

左邻右舍都探身出门看热闹，听了乐不可支。

水灯养的是土狗，旱码头一带称谓菜狗子，水灯放任土狗到处撒欢撒野。

水灯也像养宠物狗一样备有狗项圈、遛狗绳。说起来他养狗并不比年轻的宠物控们逊色。一般宠物控们爱给狗吃香肠喝牛奶，把狗打扮得花枝招展牵到街上炫耀，这无非是舍得花钱，其实打理侍候主要是宠物店代劳。而水灯是躬身亲为，从给刚断奶的狗娃喂米汤开始，他和狗在同一只碗里吃饭，同一张床上睡觉。狗娃长大睡狗窝了仍跟他撒娇，人狗耳鬓厮磨，亲如兄弟。

肥黄的狗项圈是水灯儿时戴过的一个铜项圈，还缀着长命锁。遛狗绳则是水灯割开好几个旧轮胎剥出的牛筋索子编织的。这条织成丁香结的狗绳很少拴在肥黄项上，更多时候是绾在水灯的手腕上当狗鞭。

是的，狗鞭是用来驯肥黄的，水灯驯狗是一把好手。他养狗的首要目的是呕心沥血培养一匹战狼，打遍旱码头周遭方圆几十里无敌手。

为了培养肥黄，水灯几次冒险从赵家墩机场铁丝网底下掏洞钻进去，人和狗双双伏在草丛中偷艺，看警犬基地的驯犬员怎样调教警犬。几个月下来，在水灯狗鞭的挥舞下，肥黄把飞叼、扑咬、撕扯的看家本领学得烂熟。

水灯犹不满意，还要强化对肥黄的勇敢和忠诚度训练。他把肥黄带到铁道上，人、狗各立铁道两旁，当一列呼啸的列车飞速驰来，逼近到只剩三五米距离时，他突然挥鞭下令："肥黄过来！"开始几次肥黄畏惧那个轰轰隆隆的庞然大物，匍匐着等铁龙驰过后才跳过来，遭到水灯一顿鞭笞侍候。水灯打了又摸，抚狗头拍狗屁股安慰鼓励它。犹豫两三次后，肥黄能抓住时机，在车头险些撞击狗屁股之前的一瞬间飞过来。发现险情的列车司机来不及反应，晃过神来气得猛拉汽笛，放一股强烈的水蒸气猛喷这一对恶作剧的狗东西。

水灯骄傲地笑了，像迎接战友一般拥抱着肥黄。

从此肥黄不怒自威。它在水灯面前乖得像兔子，转身面对同类和人类时就很骄横，狗眼瘆人。生人遇见它就绕开走，狗们撞见它便夹着尾巴仓皇逃命。

二

肥黄不战而成名，卷毛很不服气。

卷毛小水灯几岁，才搬来旱码头住了几个月，有点不识黑。

卷毛在三角横巷租了间房子，养了一条繁殖母狗，做卖狗娃生意。刚开始生意不顺，来要狗娃的街坊说，我们养狗好玩，你这又不是名犬，捉个土狗娃还要一百块钱？卷毛见狗娃不好卖，就打主意收配种钱。他养的是一条很漂亮的年轻母狗，每天都有公狗找来搭桥。

卷毛找上门去向公狗的主人讨债。

狗主人烦了："你搞错没有？花鸟宠物市场是有收配种费这一说，但那是牵母狗去借公狗配种的才付钱。你自己的狗到处撩骚，我没有找你收借种钱，你反倒要找我收配种钱？"

卷毛便认为旱码头人欺生。他托人弄回一条退役警犬，是灰白色雄性狼狗，虽长相显老却凶巴巴的蛮吓人。人仗狗势，街坊再跟卷毛打交道就客气多了。

那条狼狗却专宠卷毛的母狗，绝不让杂种野狗们拢来嗅一点母狗的骚气。母狗下的混血崽也好卖了。卷毛也不呆板，若是旱码头街坊想要狗娃呢，他就半卖半送。

路上的流浪狗看似多了，其实真正能自由交配的野狗越来越少了。旱码头那些家养、半家养的发情公狗熬不住，狗主人只好牵来找卷毛的母狗交配。卷毛也卖人情，凡街坊一律半价收配种费。

卷毛的生意好了，他认为都是狼狗的功劳，便百般宠它，供它吃好喝好不说，还为它订制了春夏秋冬四季马甲。都说人靠衣装，穿戴打扮的狼狗也不显老态了。

卷毛以为他的狼狗系出名门，有警犬服役资历，可以在旱码头睥睨狗辈。不料却听说肥黄在此地风头无两，也打听到水灯的身世和斗狗历史。他佯装路人到三角左巷去观察过肥黄，它毕竟只是一只土狗，并且体态臃肿，与他的身形矫捷的狼狗相比，不可相提并论。

卷毛尚不认识水灯，便托人去为狗约架。

水灯此时正愁肥黄找不到对手呢。往年立秋前斗狗仪式就完成了，他一心一意为狗贴秋膘。眼下都秋分了，还没有其他狗前来挑战，幸亏有个卷毛送上门来，他欣然应约：

“那就叫卷毛把他的狼狗牵来斗一回好玩。不是肥黄要靠搬门框子抖狠，旱码头就我们左巷最宽最长，狗的本事施展得开，围观的街坊也可以站远点，提防狗咬疯了伤人。”

消息传开，那天狗还没露脸，旱码头七八条街都空了巷子，街坊们摩肩接踵拥到三角左巷来看热闹。

岔巴子兴奋地预言：“肯定是水灯赢！那个卷毛真是找死！”

水灯朝他翻白眼：“是斗狗还是斗人？要不，你替肥黄跟卷毛打一架？”

岔巴子讪笑着改口：“斗狗斗狗。肥黄赢肥黄赢。”

“听说那条狼狗当警犬时扑倒过杀人犯，咬伤过毒贩子……”有人担心地说。

岔巴子立刻接过话茬子：“赌不赌？半斤烧卖、四两口杯酒。肥黄赢了你出血，狼狗赢了我出血。”

“烧卖？”卧在门槛上的肥黄似乎嗅到了诱人的香味，耷拉着的双耳立刻竖尖了。其实，它是听见另一条狗腿子踢踏而来的声音。

巷子那头，狼狗像是牵着狗链子后头的卷毛，一马当先过来了。

肥黄像一根弹簧蹦跳而起，箭一般朝对手射出去，把挽着狗绳的水灯扯拽得趔趄了一下。

卷毛连忙收紧狗链跑到狼狗前面，满脸堆笑朝水灯抱拳致意。

水灯微微颔首："放狗吧。"随即蹲下身去准备解开肥黄的狗项圈。

一场好戏即将开锣。

不料，半路杀出了王婆婆。

"闪开闪开！"王婆婆搡开人群挤进来，一双小脚稳笃笃走到巷道中央，递出手上捏的一卷纸筒，"岔巴子，你帮忙把居委会的安民告示贴在墙上！从今天起，往后严禁在街巷斗狗！"

"王婆婆，哦……王主任，斗个狗就是让街坊们看个热闹好玩一下，也算是我们旱码头的传统文体活动哩……"

岔巴子嘴里犟着，手上却连忙接过纸筒。

"你瞎说！斗狗太不文明，斗得鸡飞狗跳，乌烟瘴气，影响了旱码头在外头的名声。街坊也嫌吵闹，居委会这才下决定出面制止！"

岔巴子还欲说什么，围观的街坊先嬉笑嚷开了：

"我们旱码头在外头的名声是不好，主要是公厕太臭了，居委会也下决心改善一下哕！”

“哪个嫌吵闹搬到东湖山庄去住哕！搬到汉街雅园去住哕！”

“王主任，两条狗都不依，您驾高抬贵手，今天就让它们斗一回算了，下不为例！”

“……”

王婆婆见众声滔滔，她擒贼先擒王，几步逼到水灯跟前：“水灯，把肥黄牵到屋里头去！把门关起来！”

水灯蹲着不吭声。

这时，水灯家里屋传出赵爹爹断断续续的叱骂声：“水灯……你个砍脑壳的……王主任的话……你敢不听？”

岔巴子故意打岔：“王主任，您驾说把安民告示贴到哪个屋的墙上呢？未必就贴在水灯屋的墙上？”

水灯霍地站起来，朝岔巴子撒气：“你信不信？我叫肥黄把你的手咬断嗒！”

他话狠人却乖乖转身，把狂吠的肥黄拽进家门，哐当关上门板。

卷毛蒙了，他不明白水灯为何怕一个婆婆，他可是听说水灯在旱码头傲得很。他来之前甚至有点后悔，不该冒冒失失为狗约架。故刚才拱手作揖，谄媚笑着怕得罪水灯。

见卷毛牵着狂躁不安的狼狗发呆，围观的街坊也起哄，聚焦在巷道不肯散去。

邵户籍不失时机出现了。他把挂在裤腰带上的手铐解下来，杂耍一般将锃亮的手镯朝上抛过头顶，左右手轮换接住再抛，一言不发。

三

斗狗改在铁轨上进行。

旱码头毗邻货运列车编组站。密如蛛网的铁轨最外侧，有一条备用铁轨，一端插在一座小山丘似的土包上。长满狗尾巴草的山丘变成了坐山观虎斗的看台，而红锈斑斑的铁轨、棱角尖锐的碣石和涂满乌黑沥青的枕木成了斗兽场，开阔又逼仄。

肥黄和狼狗狭路相逢，展开了一场铁石与骨肉的碰撞。

看台上人头攒动，紧张而兴奋的呐喊助威声，更刺激了两条狗为主人的荣誉拼搏的斗志。

开始几个回合双方不分胜负。两条狗个头相当，肥黄略壮硕，狼狗稍矫捷。但狼狗毕竟是屡经实战的警犬，渐渐在扑腾撕咬中占了上风，瞅准一个机会把肥黄掀了个四蹄朝天，死死压在它身上。

卷毛得意地把右手食指勾起来衔在嘴里，吹了一个悠长的口哨。

被众人拥在山坡最高处的水灯，猛然搡开众人冲下山坡，站在铁轨尽头，抖开缠在手腕上的牛筋鞭，凌空甩了一个响鞭。

只见肥黄如遇神助，它收缩四肢，突然似狡兔仰腿蹬鹰的动作，将狼狗蹬得像个皮球，骨骨碌碌砸在铁轨上打了个滚才站稳，而肥黄已翻身扑了上来。

偏偏这时一声震天动地的长啸，一列货车在紧邻的铁轨上轰轰隆隆驰过。肥黄熟视无睹，狼狗却被这个庞然大物吓呆了，惊魂甫定已来不及了，肥黄一口咬住它的一条前腿，把它半叼半拖到铁轨边沿，摆头狠狠一甩。

狼狗伴着落石，哗哗啦啦滚下高高的铁路基堤，遍体鳞伤，哀号着仓皇逃命。

肥黄朝堤下的狼狗叱骂了两声，便撒蹄朝铁轨一端的水灯奔去告捷。

水灯张开双臂迎接它凯旋，人狗双双拥抱着庆祝胜利。

看台上一片赞叹欢呼声。

卷毛气急败坏冲下山坡，冲到水灯跟前："你这是毛鄙（耍赖、违规）吃咪！"

水灯抚摸着肥黄的头脸说："明明是你吹口哨在先。"

"你狗仗人势！"

"你人仗狗势！"

四

冬至这天，水灯一大早就把昨天买的一只鸡架骨煨好了，又倒进半碗剩饭搅拌了，一锅统统倒进狗钵。

肥黄见水灯又给它打牙祭了，埋头猛吃。它将最后一根骨头渣子嚼尽后，才伸长舌头舔着喝鸡汤，高高撅起的狗屁股惬意地扭动着。

水灯把牛筋鞭绳系在狗项圈上，打了一个牢靠的丁香结。

水灯牵着肥黄在巷道里来回奔跑着玩耍了几趟，便牵到门前歪脖子柳树下，伸手把绳端搭过树脖子，轻轻拽着把肥黄吊起来。这种游戏肥黄陪他玩过几多回，它配合着踮起两条后腿直立起来，狗身几乎与水灯齐头并肩，狗头与人脸相对，仿佛一对同胞兄弟交头接耳。

但水灯继续扯拽绳索，一直扯到肥黄的两后腿离地悬空尺把高才住手，把绳索缠在树干上系紧。

肥黄这才察觉不妙，扑棱着四肢挣扎，却已经迟了。

岔巴子在一旁双手合十念叨："肥黄肥黄你莫怪，你是人间一道菜……"

水灯不耐烦地搡开了岔巴子："你莫嚼牙巴骨！肥黄若要怪我，也要怪你这个帮凶！"

岔巴子正尴尬着，围观的路人、街坊响起一片啧啧声："它连哼都没哼一声！"

岔巴子摆脱窘态，接过话茬子说："这叫安乐死。水灯有爱心又有水平……"

他乜斜了水灯一眼，改变话题："我到华北市场看过杀狗，太野蛮了！一大群狗关在铁笼里，远远地伸出一根长铁叉，叉住狗头撬出铁笼，再用一根长木棒砸狗头，太残忍了！我恨不得去告他们犯了虐待动物罪……”

他正说得起劲，见水灯已过去扶起耷拉的狗头察看，连忙打住，端来一个大脚盆接在狗腿下。

至中午时分，水灯剥下了一张完整的狗皮，黄灿灿、毛茸茸的像一张花纹漂亮的虎皮。

围观者再次发出赞叹声，看着水灯在岔巴子的帮助下，将湿漉漉的狗皮抖开抻平，反钉在墙上。

乍看之下，吊在柳脖下的肥黄成了一头刨光溜了的白条猪，它的形态贴到墙上了，雪白而血红，像一幅写意画。

岔巴子摇晃着头脸欣赏着：“水灯的刀法太傲了！简直像庖丁解牛！”

卷毛不知是何时挤进人群看热闹的，他看得很解气，忍不住接茬说：“好哇！千刀万剐！”

见水灯怒目而视，他讨好地一笑：“我是夸你好刀功！凭这么娴熟的刀技，完全可以把整副狗骨架也解剖下来，风干后再把狗皮缝上去，制成标本，卖个好价钱！”

岔巴子听了一惊一乍：“那肥黄不是又再现了？万一它又活过来了呢？”

水灯勃然大怒，狠狠一刀捅进狗肚，在腥热蒸腾中扯住一条狗后腿，几刀卸下来，扔给岔巴子：“岔巴子，你的嘴巴真岔呀！”

岔巴子讪笑着接过。

五

水灯小时候叫尿（方言读音sēi）墩。

赵爹爹是旱码头最早的一批土著，他挨着先来一步的邻居王婆婆家的山墙搭了个偏厦，结婚时才把偏厦斜坡屋顶升平。随即岔巴子的父母也迁来，接通着他家的山墙搭了个偏厦。

水灯是早产儿，他的姆妈（妈妈）那天半夜突然发作，隔壁王婆婆临危救命，幸而母子平安。翌晨王婆婆以恩人的骄傲姿态把新生儿递给赵爹爹看时，赵爹爹感恩戴德地伏下身去接，不料新生儿朝他脸上屙了一泡尿（sēi）。

赵爹爹抹了一把脸上的尿水，接过新生儿瞧着笑骂：“你长得像你妈个尿（sēi）墩！”

王婆婆颐指气使：“给你儿子起个名字吵！”

“就叫个尿（sēi）墩吧！”

王婆婆击掌称妙：“好好好，名字越贱越好养！”

虽然尿墩无病无灾长到了三岁，他的姆妈（方言：妈妈）却突然撒手人寰。赵爹爹只好一手牵着他一手挽个篮子，早出晚归，当爹又当娘。

篮子里躺着一个约两尺长、碗口粗的墨绿色酒瓶，像一枚沉默的炮弹。瓶颈枕着一个包裹得方方棱棱的蜡纸包，浸透了油渍的蜡纸包里是卤制的豆干、藕片和鸡爪子、鸭脖子。

这就是赵爹爹赖以养家糊口的营生。他牵着尿墩，挽着篮子，走街串巷乃至跑到村庄生产队的田头叫卖：“喝酒唻！喝酒唻！”

招徕酒客，掏两毛钱可以喝一小杯五钱酒，佐以一块豆干、两块藕片，或在一截鸭脖和一个鸡爪中选其一。只舍得掏一毛钱的酒客，赵爹爹另摸出一只更小的三钱酒杯倒满，拈两块藕片给他。遇到馋酒却只掏得出五分硬币的酒客，赵爹爹便叹口气，仍倒满三钱酒给他，却从衣兜里摸出一个小扁瓶，倒出两颗花生米打发。

在那个物资非常匮乏，经济十分拮据的年代，赵爹爹的篮子和卖麦芽糖小贩的篓子一样，是难以抵挡的诱惑。不同的是后者哄小伢，前者哄成年男人。难怪街坊说赵爹爹不起眼的小生意赚大钱呢，他凭这个篮子养家糊口。

而个中艰辛苦涩，又有几人得知。

好不容易揽到一个酒客，蹲在篮子旁津津有味品酒尝菜时，三岁的尿墩便狗娃似的伸出舌头羡得涎直滴。但尿墩再馋也绝不敢伸手张嘴讨要，怕赵爹爹一巴掌呼得他晕头转向。

有一天从早到晚没揽到一个酒客，赵爹爹怏怏不乐。尿墩却欢喜得不得了，他在回家路上捡了一条狗娃，煞是可爱，便抱回家养起来。那几天生意都不好，正值溽暑大热，眼看油纸包里卤菜都快馊了，赵爹爹只好当晚餐和尿墩分食了。尿墩大快朵颐，还分了一个鸡爪给他的狗娃，那天夜里尿墩睡着了又笑醒了。

第二天早上，那只狗娃不见了，尿墩看见赵爹爹正在把肥鸡腿似的东西往油纸里包，他霎时明白了，哇哇地哭得天昏地暗。哭完了却香喷喷地吃了赵爹爹盛给他的一碗肉，相跟着上路去叫卖。

尿墩长到六七岁时，就不是赵爹爹牵着他叫卖，而是他牵着狗娃跑在前头，嫩声稚气地吆喝："喝酒啰—喝酒啰！"

他牵的那只狗娃总长不大，隔几个月，至多半年，便又换了一只狗娃。

这时候旱码头搭积木似的不断搭起的偏厦，已搭成七八条纵横的巷子，竹木砖石混搭的鸽子笼般的棚户，形成鳞次栉比的居民区规模。说起来这里麇集的蝼蚁般的人群却又个个生龙活虎，还养了成群的鸡鸭猫狗相伴，生气勃勃。铁路货运编组站高架的电缆线上仿佛被织了蛛网，横七竖八地织到旱码头屋顶上。深埋的铸铁水管被挖开了，接头处被人擅自改装了三通，分蘖出数不清的支管通向旱码头街巷。辖区街道办事处不得不正视这个城郊死角的存在，开始整治交通水电，命名街巷，编排门牌号码，逐户登记造册上户口。

一天，邵户籍抢在赵爹爹出门前拦住他，问了老子问儿子。

“贵姓？”

“免贵姓赵。”

“他叫个么事（方言：什么）？”

“叫尿（sēi）墩。”

“学名？”

“还没上学哪来的学名呢？”

“这是要上户口的名字。您驾把他叫个木墩、石墩、土墩我都照录的，叫个尿（sēi）墩？他马上该上学了，那老师、同学都要叫他尿（sēi）墩？”

“那么样办哩？”

邵户籍咬咬笔帽：“就叫个赵……水灯吧。”

水灯没把小学读完就辍学了，无论老师怎么上门苦劝，赵爹爹怎么打骂，他死活不去上学受憋，他从小跟着赵爹爹到处跑野惯了。

可是赵爹爹的拎篮生意却做不成了。王婆婆说，凡城市单干户，就连修鞋、补胎、打气的都得加入合作社才能营业，赵爹爹得加入合作餐馆。

赵爹爹不乐意，就带着水灯跑到城郊之外的地界叫卖，结果一篮子酒菜被水利突击队吃得精光却不给钱，还说赵爹爹投机倒把，放恶狗撵人。

当时水灯带着一只半大的狗，竟被恶狗咬死了。少年水灯从此有了养一条勇猛好狗的执念。

王婆婆见这爷俩没了饭碗，她晓得街道办主任特别喜欢吃卤菜，就去说赵爹爹是居委会积极分子，每次熏蚊子、投鼠药的苦差事都是他包揽，而且此人做的卤菜堪称一绝。街道办主任听了，就说让他到街道食堂来当临时工吧。

水灯无须当赵爹爹的跟班了，就一门心思去寻觅好狗娃。相中了机灵、健壮、品相好的狗娃就悉心喂养、调教，狗半大就牵着翻越铁路，到狗多的菜农生产队找狗试打。若他的狗打输了他就淘汰，重新物色培养狗娃。若他的狗打赢了，他就调教狗娃撵兔子、勾鳝鱼、捉克蚂（方言：青蛙），甚至教狗爬树掏鸟窝，先把狗训练成猎犬，再把狗磨炼成战狼，寻访方圆几十里狗主，与敢应战的猛犬约架。

岔巴子虽然说话蛮岔，有时说的话也蛮挖神："水灯养狗，好比好色男人喜新厌旧，他只喜欢风华正茂、血气方刚的年轻狗。所以他每年换狗，狗是扔不掉的，只好杀它吃肉。按说他三天两头总吃得着野味，并不馋荤，但他从小就尝惯了狗肉滋味，吃上了瘾。"

水灯就这么与狗厮混着混到了男大当婚的年纪。与他同龄的岔巴子都结婚了，他视若不见。他虽然读书少，却从小跟着赵爹爹走城闯乡见识甚广，焉不知男女之事？但他依然我行我素，与狗为伍。

有一天王婆婆试探他："水灯，我给你介绍一个对象吧？她瓜子脸，双眼皮，梅花脚，长得蛮灵醒（方言：漂亮）！"

水灯听了扑哧一笑："王主任，我每年都娶回一个这样的老婆，您驾还要再帮我介绍一个？"

赵爹爹从街办食堂退休了，他不愁水灯娶不到老婆，却愁水灯这么游手好闲下去怎么办，临时工的微薄退休工资养不活两个大男将呀。世道变了，又可以干个体经营，他就想让水灯继承他的衣钵重操提篮叫卖旧业。

水灯说："老头子呃，您驾老糊涂了吧？如今路边的大排档都卖靠杯酒了，再说现在时兴喝啤酒，哪个还稀罕您驾篮子里几块干子？"

赵爹爹说："那你就啃老？我死了你怎么办呢？"

水灯烦了："那我们爷俩明天就分灶开伙咻？我保证不占您驾一分钱便宜！"

水灯说这话也有点底气，他带狗出去收获的野味，父子俩吃不完的，赵爹爹就拿去换钱换粮票。

见父子谈崩了，王婆婆诲人不倦："水灯，你其实长得还是蛮抻敨（方言：精神）的，方圆脸，浓眉大眼，就是牙齿有一点龅，不明显。凭你这长相身材，找个刮器（方言：漂亮）姑娘冒得一点问题。但你总得有个正经事做，要不我到街办反映一下，安排你到哪个单位去当保安？"

"我岔惯了，受不了那个憋。"

"那你就先把你爸爸的厨艺学到手再说，不提篮子摆个摊子可以吵？我去帮你办个证。"

“这个我可以听您驾的。但您驾们再都莫提给我介绍对象的事，统共巴掌大一个屋，后头只摆得下他您驾的床，前头一个灶台一张饭桌挤得满满当当。如果我找个老婆，她愿意跟我爬暗楼（平房低矮的隔层）当床？”

于是水灯用心跟赵爹爹学会了卤菜手艺，还学得一手娴熟的好刀功，切出的卤猪耳像金银条，切得菲薄的卤牛肉花纹像花瓣。

但他却不耐烦去摆摊侍候食客，就把饭桌搬出来摆在门槛外。赵爹爹找出那只古董般的竹篮洗净晾干，都磨玉了的篾片古色古香，盛满一篮色香味俱佳的卤菜搁在桌上，倒是诱人，吸引来远近巷子的买菜客。

水灯却三天打鱼两天晒网，或者任那一篮卤菜摆在桌上无人看管，时不时牵上他的大黑到铁道外去撒野。

这天水灯早起开门，把桌子摆到门口，又打着呵欠把昨夜卤到半夜的一篮卤菜拎到桌上。这时岔巴子用一根竹签串着两个欢喜坨两个糯米鸡走过来，瞥眼看见大黑正从水灯的暗楼上爬楼梯下来。

大黑是肥黄的接班狗，一条正值青春期的母狗，乌黑浓密的黑毛油光水滑，像一匹黑绸缎，两爿狗腚中间夹着的私处湿漉漉冒出一股臊气。水灯严防死守盯着它，不许公狗拢它的边。它无处发情，便像一条鼻涕虫，成天缠着水灯撒娇。

水灯就这么嘻嘻哈哈熬过了而立之年，熬到了不惑之年。

说他惑吧他不惑，说他不惑吧他还像个伢似的斗狗逞狠。

这不，他又牵着大黑找上门去与卷毛约架。但卷毛挂了免战牌。

卷毛冷冷地说：“我的狼狗已老态龙钟了，甘拜下风。”

六

水灯的卤菜篮子生意日渐冷清，顾客抱怨卤菜味道越来越差。

其实不怪水灯卤艺没学精，是卤水配方缺了一味佐料。

原来赵爹爹的独门卤方中关键配料是罂粟壳，这是那些年许多红火小吃店的共同秘诀，已成为公开的秘密。于是罂粟壳供不应求，加之稽查警员从源头下手，在云南边陲的瑞丽、畹町一带层层设卡严查，贩卖罂粟壳的地下渠道就断了货。

赵爹爹眼见卤菜篮子不吃香了，便替水灯发愁，犹豫数日后，摸出一把比花椒颗粒还小的罂粟籽递给水灯：“这是我多年从罂粟壳中一粒粒拣出来积攒的，也不知种子死了没有。你远远地找个避嫌的野地试种，如果出芽，最多保留上十株，结了果也够管用两年。多出的芽都掐它，种多了怕惹祸。”

铁路货运编组站往西的出站口，两股铁道间有一条隐蔽的深沟，是构筑铁道堤基施工时挖的。高高的沟坡上头，两边扎了护堤铁丝网，即便站在备用铁轨尽头的山顶上也看不见这条沟缝。水灯是带着大黑撵兔子时无意中发现的。

他悄悄带着大黑溜下土山背坡，钻进荆棘丛爬到沟底，把罂粟籽撒在沟边缓坡上。

才个把星期就出芽了，一个多月后苗子就冒出尺把高，再过十几天就长出花茎花苞，一朵朵像郁金香。

水灯舍不得掐死多余的，让它们在沟底开出灿烂的一片。

这天早上，邵户籍突然找上门，脖子上挂了一架照相机：“赵水灯，有人举报你私自种植毒品。现在你跟我去配合警方调查取证，如不服从，后果自负！”

水灯愣住了。赵爹爹腿脚已不利索，颤颤巍巍从里屋出来，正欲开口求情，被闻讯跟进门来的王婆婆拦住了：“水灯，你乖乖配合邵户籍。凡事不怕犯错，就怕错了还犯糊涂，关键看态度。”她说着朝着跟进门来的岔巴子递了个眼色。

岔巴子一把扯住水灯的胳膊：“走走走，我陪你们去一趟，有么事我也好当个见证人。”

来到现场，岔巴子惊呆了，一朵朵娇艳的罂粟花像火苗子，闪耀得他睁不开眼。

邵户籍脸板得像一块铁：“赵水灯你好大的胆子！”

水灯哑口无言。

邵户籍下意识地往四周巡睃一遍，除了他们三个人和跟来的一条狗，再无旁观者。他大喝一声：“快点都拔起来，用脚踩烂，扔到沟里去！”

水灯恍然大悟，发疯似的拔出一棵棵拢成一堆，踩烂，搂成一抱往沟里扔。

岔巴子也愣过神来，捡起几块石头砸到水沟里，把浮在水面的罂粟压沉。

水灯很快拔得差不多了，只剩下沟头上十株。邵户籍拦住他，举起相机咔嚓咔嚓拍照取证。

水灯搓着手上的泥草，等候邵户籍发落。

邵户籍走拢去，双手拍拍他的双肩，慢慢滑到他的两条胳膊上，突然将他的手臂扭到背后，眨眼就把他铐起来了。

大黑不解，朝邵户籍咆哮着狂吠，被水灯喝止住了。

岔巴子满脸堆笑："邵户籍，水灯以为是郁金香，好看，种着好玩。"

"好看怎么不种在家门口的花钵里呀？赵水灯，你现在跟我去派出所。岔巴子，你回去带个信给赵爹爹，叫他您驾也莫太担心。估计水灯要被行政拘留三到七天。"

赵爹爹等了三天没等回水灯，等到第七天，却等来了一张逮捕证。

原来分局收到一封匿名举报信，信封里装着一张照片，拍的是深沟罂粟被拔毁之前的全景。估计要判水灯两年刑。连邵户籍也被连累了，他因取证不当有包庇嫌疑，背了个严重警告加提前一年退休的处分。

岔巴子说："水灯这是与谁结了仇。"

赵爹爹说：“怪我怪我，是我害了他……”说着头往后一仰就倒地不醒了。

水灯剃了光头，穿着囚服回来看了赵爹爹一眼。临走他瞄见门口摆的花圈有一个是卷毛送来的，便飞起一脚踹倒，双脚交替跺着花圈，跺得稀烂。

水灯临上囚车前，大黑突然蹿过去，用两前爪从背后拦腰箍住水灯，并扭头朝押送的狱警咆哮着，露出锋利的犬牙。

两个狱警见状，一个掏出手枪，一个举起电警棍。

岔巴子冲过去，从背后抱起大黑，拔萝卜似的把它从水灯身上拔下来。

水灯上了囚车后朝岔巴子嘶喊：“我把大黑托付给你了！”

七

水灯是冬至前一天吃的牢饭，转年三伏那天就刑满释放了。

他两次立功减刑。一次是牢头给新犯子下马威下手太重，眼看快打死了，他看不过眼出头劝阻，得罪了牢头被打得鼻青脸肿，却救了新犯子一条命，不然从监狱长到狱警都逃不脱干系。一次是放风时配电房短路起火，他冒死冲进去，用一把木椅子拉下总电闸。

水灯回到旱码头，未进家门先跪到王婆婆面前：“王主任，我晓得是您驾给我的老头子送的葬。您驾就是我的再生父母！”

王婆婆抹了一把眼泪：“快起来快起来。苕大一筒的，大庭广众下跪也不怕丑。再说是岔巴子当孝子捧的骨灰盒。我现在不当主任了，现在也不兴叫居委会改叫社区了。不过我好歹还当着顾问。你这种情况可以先申请吃低保，再慢慢找工作。”

说着她掏出一个戒指：“你爸爸死的时候拳头捏得紧紧的，我掰开他的手掌，他掌心握着这个金箍子。估计是你姆妈（妈妈）当年留给他的。”

水灯不起身，突然嚎了起来：“我的个姆妈（妈妈）呃——我的个爸爸呀！我活得像一条狗哇！”

他边嚎边磕头，额头磕破了，血流满面。

大黑闻声从屋里跑出来，学着他用两前爪作揖。

街坊邻居无不动容。

大黑咬着水灯的裤腿把他拉回家，狗窝里一条灰白的狗娃爬出来叼住了它的一个乳头。

水灯这才注意到，他的年轻漂亮的大黑，变成了个又丑又邋遢的狗婆娘，肚子上两排乳头像生锈的拉练。他火冒三丈，从炉膛里掏出那把剐狗的匕首，问跟进门的岔巴子：

“是哪条野公狗强奸了大黑？我去把它宰了！”

岔巴子摇摇头："你走的第二天大黑就不见了，我找遍大街小巷找不着。两三个月后它才自己跑回来，肚子已经大了。我估计不止一条公狗跟它配了种……上个月才下崽，一窝五个，一条黄的，一条黑的，两条花的和这条灰白的……对了，这条灰白的该不会是卷毛的狼狗的种吧？"

嗖！水灯扬手将匕首掷飞镖似的掷到门板上叼着。

"不会不会！"岔巴子连忙改口："卷毛嫌狼狗跟肥黄打输了丢了他的脸，又日渐老了没用了，就把它撵走了。他花两万元又买了一条藏獒狗娃，现在也长大了。"

"哦？"水灯来了兴趣，眼珠子交替打量着大黑和灰白的狗娃乱转。

水灯见状又改变了话题："四只狗娃都被街坊抱走了。还有人想把小灰也抱走。对了，我给它起名叫小灰，我不让抱走，我说得给水灯留一只。说来也巧，大黑独宠小灰，那四只狗娃都断了奶，只由着小灰赖着它的奶头不松口。"

小灰正偎在大黑肚皮下，一边贪婪地吸吮狗奶，一边竖耳偷听着岔巴子说话，它窃笑着，一双贼机灵的小狗眼里流露出狼一般狡黠的目光。

水灯把金戒指贱卖变现，去超市扛回几箱火腿肠和牛奶，扔在狗窝旁任由大黑岔吃岔喝。他用软管把水龙头牵到户外，用花洒肥皂水给大黑洗澡，学着年轻的宠物控们，耐心地用电吹风吹干大黑湿淋淋的狗毛，用梳子把它一绺绺乱毛梳顺。

只几天工夫，享受了贵妇人待遇的大黑便有了少妇的迷人神态，油光水滑的皮毛恢复了黑绸缎的光泽，精气神十足地教导它的儿子小灰学习腾挪扑咬。

这天，水灯抱起小灰，召唤大黑跟着来到三角横巷。

“卷毛，大黑要跟你的藏獒斗一回。”

卷毛望着不速之客沉吟半晌才开口：“水灯，恭喜你出来了！我们去找一家好点的馆子，今天我为你接风洗尘。”

“我是来与你约架的。”

“你知道藏獒是烈性犬，你看，我平时都是给它戴着嘴笼的。”

用铁链拴在门口的藏獒早就焦躁不安了，尽管套着皮革嘴笼，仍扯着铁链朝水灯和大黑咆哮。

大黑也吠起来，它收缩四肢贴在水灯腿旁，随时准备扑上去。

卷毛呵斥着藏獒，解开拴着的铁链把藏獒往门内拉。

水灯突然把怀里的小灰扔到藏獒头上，藏獒偏头躲过，愤怒地举起前爪抓捕小灰。大黑闪电一般冲上去。

但卷毛已抢先把藏獒拽进门内，他挡住门口：“既然你执意要斗，我只好奉陪了。在这里斗怕伤着人，我们还是到铁道上去斗吧。”

“走吧。”水灯重新抱起小灰。

岔巴子闻讯赶来。

邵户籍及时出现了。他现在是派出所返聘人员，带着两个协警在旱码头设了一间社区警务室。他板着脸呵斥围观人群散开，径直走向卷毛：

“你豢养大型犬、烈犬，办了养犬证没有？”

卷毛满脸堆笑：“是听说最近市里有新规，居家养大型犬要申办养犬证。我是准备去申办的，就是还不知道该到哪个部门去申办。”

“具体申办程序你去街道办事处咨询吧。现在你把这条狗交给我，我要牵到派出所去寄养起来。你办妥养犬证后凭证来领狗。”

卷毛不情愿，关上一扇门板，只留一扇门缝，用自己的身体堵住。

邵户籍解开挂在腰带上的电警棍，执棍在手拉开架式：“请不要妨碍我执行公务！”

卷毛无奈，磨磨蹭蹭地把铁链一端递给邵户籍，眼睁睁地看着他把藏獒牵走。

围观人群尚未散去，只见邵户籍又转来了：“刚牵出巷子口，那狗突然挣脱链子，无端扑倒一个小学生，紧急情况下，我只好用电警棍电死了那个畜生。你去收尸吧。”

卷毛脸色惨白。

邵户籍转头对水灯说：“你这条虽不属烈犬，但也是大型犬，去办证吧。”

八

水灯怏怏不乐。

岔巴子安慰他："如果藏獒不死，肯定是大黑手下败将。我猜着你的决胜险招了，先把小灰当诱饵，藏獒伤害了小灰后，大黑必殊死一战为小灰复仇，任它藏獒人高马大是烈犬也没用，大黑哀兵必胜！"

见水灯带听不听，他换个话题："其实卷毛是个孱头，不值得继续跟他赌气。"

"你什么意思？"水灯来了兴趣。

"他原先不叫卷毛叫假华侨，因为天生的卷发像烫了的。他从小就不合群，小气，小学同学、街坊伢都嘲笑欺负他，唱骂他：假华侨，华侨假，你是一坨臭粑粑。他不敢回骂，怕挨打，家人为了他搬家转学。中学时他家里养了一条大狗子跟他做伴，从此他养成了借狗壮胆的习惯……"

水灯听了像个泄气的皮球："莫说了，我好烦！"

从此水灯变了个人似的，成天蔫不拉叽的，爱发呆，也不驯狗、喂狗了。大黑饿得到处找屎吃他也懒管得。

这天岔巴子过来说："刚才路上碰到邵户籍，他让我带信给你，限一周内去申办养犬证，逾期就把狗捉走，送到流浪猫狗集中站去。"

水灯烦了："不办证！老子杀它吃了算了！"

“瞎说瞎说！三伏天吃狗肉？你不怕流鼻血发痔疮？”

“你怕你不吃吵。”说着水灯就找出匕首磨起来。

一直在他膝下蹦跶的小灰，听了打个寒战，惊跑出去找到大黑，交头接耳低吠着。

第二天早上，水灯给大黑拴上牛筋绳，牵着遛了几圈后，按老套路把它吊起来。

岔巴子请出王婆婆来劝阻：“水灯，溽暑天杀狗吃肉，你不怕发痧？你是不是馋荤？我冰箱里还有两个猪蹄髈吃不动，你帮忙，拿去红烧或者卤了下酒。”

“王主任，我虽然人出狱了，可心好像还在坐牢，快憋屈死了。又不能杀人出气，只好杀狗出气……”

水灯说着一拳砸在树干上：“……要说馋荤我还真馋，您驾不晓得牢饭几难吃！寡味寡得我恨不得把自己胳膊上的肉啃一块！我日盼夜盼，就盼着出狱杀狗吃肉……”

水灯从不曾一口气说这么多话，他像是在回答王婆婆，又似在向围观的街坊、路人演讲。

当大黑的两条后腿被吊得够不着地面时，它并不扑棱，它似有预感，懒得作徒劳的垂死挣扎。但当水灯端起半碗水灌它时，它还是本能地咬紧牙关。

水灯照例用匕首撬开牙关，才灌了小半碗水它就呛死了，四肢和狗头都耷拉下去。

看上去，大黑涕泗滂沱。

小灰在现场，眼睁睁目睹了大黑绝命全过程。它惊恐地尖吠着，扯拽着水灯的裤管撕咬，却无能为力。

水灯家无冰箱。他将狗肉剁成一块块焯水后，浸泡在冷水盆里一块块挤净血水，再用清水漂着，一天换几道水。用一个破电扇对着水盆日夜吹。

往年宰狗烹狗，他要盛好几碗馈赠左邻右舍街坊。谅今年街坊谁也不敢吃，他只把炼好的一钵狗油搁在门外茶几上，任邻居来一勺一勺舀去贮藏在瓶罐里，冬季狗油敷冻疮有奇效。

水灯一日三顿，顿顿啖狗肉，大快朵颐，安然无恙。

他也给小灰盛了一狗钵。小灰第一天不吃，饿得头昏眼花也不闻不嗅。第二天它耐不住饥饿，明知是大黑的血肉它也下口了，开始时吃得迟疑，吃着吃着便忘了顾虑，狼吞虎咽。

剐下来的狗皮依然反钉在墙上。因为不到季节，走街串巷收皮毛的贩子不见踪影。那张凝结了血肉的狗皮散发出刺鼻的腥臭味，逐臭的绿头苍蝇密密麻麻叮满了一整张狗皮的边边沿沿。绿得发蓝的蝇群在烈日下闪闪熠熠，近看像蠕动的蜂巢，嗡嗡振翅声犹如密集的信息密码传播着声光信号。远看则像一只奇形怪状的无名鸟展翅欲飞，蝇头似鸟翼上斑斑点点的花纹。

小灰自大黑被宰当日起就夜不归宿，也不远走，就守在门外过夜。深夜它借着昏黄的路灯盯着墙上的狗皮看，不时低吠着，似乎在与大黑对话。

岔巴子起夜时发现了小灰的诡异举动，惊讶地说给水灯听，要他把狗皮揭下来扔掉算了。

水灯不听。

街坊邻居都有意见了。王婆婆便出面要求水灯，不能影响街巷的环境卫生。

水灯弄来一桶生石灰，把狗皮揭下来铺在巷道上，均匀地撒上生石灰，用一根长擀面杖在狗皮上反复擀碾，有如擀一张又圆又大的面片。当他把一桶生石灰碾完，血肉模糊的狗皮变得白净、平展、熨帖，看得清细密的纹路肌理。原来大黑的皮囊乌黑而雪白，正反面形成鲜明对照。

水灯说，即便这时皮毛贩子找上门来他也不卖了，他要留着做个斗篷。

九

眼看小灰长成个棒小伙子了，水灯又有了好伙伴，成天带着它出去打猎。

小灰狩猎本领比大黑更胜一筹。野兔但凡在它眼前晃过，就逃不脱它的爪牙。水灯是用竹竿线饵钓克蚂（青蛙），它是直接扑进水田用嘴叼。它甚至会学着水灯，用前爪掏鳝鱼洞，只是分辨不清哪是鳝鱼哪是蛇。

水灯只管和小灰玩得忘乎所以，全然不顾旱码头将要发生翻天覆地变化。

拆迁的消息恰似空穴来风，尽管社区、街道办事处一再辟谣，街坊们却传得有鼻子有眼。先说是沃尔玛或宜家看中了这块地，又说是政府把王健林请来在这里复制万达奇迹，尔后再说是铁路货运站扩建为客货综合站，旱码头要建成站前广场……众说纷纭，七八条巷子几百户人家各怀心思，蠢蠢欲动。

忽然在一天早上，来了一群拎着油漆桶、拿着大排刷的民工。街坊们都以为这回拆迁传闻坐实了，各户墙壁上都要刷上“拆”字了。可是这些刷漆工并不刷墙，而是在各户前后门门槛前刷红线。城管的告示贴出来了：“即日起禁止一切翻修施工。凡移动现有建筑逾越红线者一律强制拆除！”几个路口也设了关卡，严禁水泥、砂石等建筑材料进入。

原来，街道办事处借鉴别处经验教训，未雨绸缪，抢先一步杜绝乱搭乱盖违章建筑。

街坊们打的小算盘落了空，却不甘无所作为。旱码头清一色木框架平房，各户约二三十平方米面积，以薄木板“鼓皮”为隔墙。有人挖出四至六根墙脚木柱，锯断腐烂部分，用千斤顶一寸寸顶升，用砖头一匹匹垫高，再用一米长的大口径钢管套住升高的木脚柱。于是平房长高成了楼房，暗楼（平房隔层）变成了明楼。一户带头，户户效仿，旱码头平房“长势”一片。事态出乎意料，各户都未压红线，街道办事处和城管局一时拿不出应对措施。

岔巴子也随大流把房子升高了。他见水灯无动于衷，便劝水灯也抓紧动手。

水灯淡然一笑："我听说真要拆迁了，最少也要还我一个小一室一厅。我住一室，狗住客厅，够了。难道还要为狗准备一间卧室？"

水灯的意思，后半生他继续单身过。但说媒的甚至自媒的纷至沓来，似乎他忽然变成了钻石王老五。

据说拆迁补偿价格每平方米两万元，如果是补偿还建房，另补过渡费、装修费。算下来水灯可以拿到四五十万元，或者到手一个小套房加八九上十万。而水灯是单身未婚，才五十出头且上无老下无小。在很多三四十岁女人眼里，水灯成了香饽饽。

她们向水灯开出了明码实价，拆迁日登记结婚，还建房产权和拆迁补偿款夫妇共同拥有。

水灯问："如果不拆迁呢？你们要不要我？要不要我的狗？"

不料孙阿姨说她要。

孙阿姨在右巷住了三十年。前几天她姐姐去世了，已经出嫁几年的侄女撵她走人，怕她沾拆迁的光。

孙阿姨说："喂狗三天，狗记恩三年；喂人三年，人记恩三天。我真的喂了她三年奶！姐姐生了她没奶水，月子里姐夫暴毙，我可怜姐姐，舍下乡里的家来给她当奶妈。姐姐满月后就出去做工养家，我一泡屎一泡尿把她带大。我当保姆当佣人当了三十年，如今她却要赶我回乡下……”

见水灯带听不听地戏弄着他的小灰，孙阿姨干脆单刀直入：“水灯，拆迁呢，你我先去做婚前财产登记，还建房只登在你名下，我只要求居住权；不拆呢，你把里间简单装修一下。你同意我就随时陪你去领证。”

王婆婆说：“水灯，是得有个人帮你照顾这个家了。等以后老了也有个伴。”

岔巴子说：“孙阿姨快人快语，我看她和水灯的性格合得来。”

左邻右舍的街坊纷纷附和。

水灯再也不能装聋作哑了：“孙阿姨，难得您驾瞧得起我。恐怕您驾还是考虑不周，我怕您驾闻不得我这一身狗味。”

他说着给孙阿姨作了一个揖，牵着小灰去训练叼飞盘。

小灰禀赋异常。水灯抛出飞盘的一刹那，小灰就飙了出去，呈抛物线旋转着降落的飞盘离地两米高时，它腾空而起却不急于接盘，而做了一个前空翻的动作，在空中打了一个360°的滚，翻滚到飞盘之上，用两前爪稳稳接住飞盘，这才叼在嘴里飞奔过去递给水灯。水灯接过顺手再甩出去，它竟以一个后空翻转身，从容地去撵飞盘。这简直是在炫技，而水灯并没教过它空翻技术。

水灯见小灰身怀绝技，便领着它去铁道外林地捕鸟。他和它先爬上一棵大树，蹲在树丫上潜伏着，偶有飞禽路过，小灰便伸展开有蹼般的四肢飞扑过去，每每得手。

于是水灯的餐桌上不再只有野兔、鳝鱼、田鸡，时有斑鸠、鹌鹑，还有大雁、老鹰之类的大鸟、猛禽。

水灯有口福，也舍得与小灰分享。他说小灰的伙食是养过的狗中最好的。

却不见小灰长膘。已是秋天了，水灯尝试过给小灰买一些狗粮、狗罐头、火腿肠贴膘。它倒是来者不拒，一概享受，却不长肉，苗条得像一个刻意保持骨感身材的美女，尤其细腰楚楚动人。而一旦奔跑腾挪起来，那矫捷的腰身又似一条利索滑溜的蛇。

立冬这天，街道办事处在旱码头大街小巷贴出安民告示：即日起暂停办理户口迁入、房产证变更、营业执照申领手续。租赁到期的房屋也不得延期或再招租。等候进一步通知。

小道消息又满天飞起来，纷纷猜议年内就要拆迁了。

冬至前一天，邵户籍上门告诫水灯：“小灰已长成大型犬了，必须去办证。而且办证后也只能拴养，严加看管以防伤人。否则你将承担法律责任！”

跟他来的协警把他这话录了音，并给小灰拍了照。

邵户籍一走，水灯决定杀狗。

岔巴子说："小灰不像一只普通土狗，杀了可惜。"

水灯答道："我也舍不得杀它。可是哪怕去办个证，往后这世道恐怕也难容它。以它的习性，估计也受不了憋屈。"

"能不能寄养到别处？或者干脆卖了它买条贵宾？贵宾讨人喜欢，以后住还建房邻居也不会有意见。"

"那我更舍不得。不如我痛快杀了它，再痛快吃最后一回狗肉。"

小灰躲在门后听得一清二楚，一对狗眼珠子骨碌碌乱转。

当天夜晚，小灰栖息在那棵歪脖子柳树上。它一会儿望望那一面钉过大黑皮毛的墙，一会儿仰望星空，陷入了深深的思索。

翌晨，水灯照常牵着小灰在巷道来回奔跑。玩过各种游戏后，他驾轻就熟地把它引到树下，将牛筋绳鞭的一端搭过歪脖子树丫，缓缓拉扯着把小灰吊起来。

这一过程中，水灯没注意到小灰的双眸，眸中已燃烧成两块炉火纯青的碳。

见小灰的后腿已经悬空，离地两尺高，水灯便把绳头在树枝上绾两圈系紧。

见水灯已端起半碗水，执着明晃晃的匕首逼近，小灰赶紧闭上双眼，假意咬紧牙关迷惑他。

水灯按屡试不爽的套路，以匕首撬开小灰的牙关。当他往狗嘴里灌水时，小灰配合着主动吸吮了一大口，含在嘴里，猛然喷向水灯的嘴脸。

猝不及防的水灯扔了碗，腾出一只手去抹鼻眼嘴巴上的水珠。

小灰趁机一个后空翻，攀上树丫，咬断绳索。

水灯大惊失色，哎呀一声冲上去，试图用匕首制服小灰。

小灰并不躲避，迎面相撞扑下来，扑倒水灯，一口死死咬住水灯握刀的手腕。

水灯听见嘎吱一声，他腕部动脉血管被咬断了，看见他的血像喷泉往上射。

小灰犹豫着松了口，退一步，冷冷地看着他艰难地伸出另一只手捂住手腕，疼得打着滚在地上抽搐。

岔巴子惊呼着赶来，身后跟着一群街坊。

邵户籍闻讯赶来，边跑边打电话报警求援。

在警笛声和救护车的鸣叫声中，小灰张开血盆大口，衔起水灯脱手的匕首，横冲直撞逃出巷道，逃向远方。

十

临近年关，旱码头的街坊们没等来拆迁，却等来一桩稀奇事。

这天风雪交加。左巷外侧的张公堤公路上，一辆大卡车被流浪猫狗救护站的志愿者拦停了。覆盖车厢的油布被掀开一角，车厢里铁笼子关着上百只老弱病残狗。

志愿者要求司机把车开到救护站，司机不同意。

“我只是个运货的，无权把货交给你们。货主找我索赔怎么办？”

“那么你联系货主吧，请他来，我们与他谈。”

司机看上去是个还算老实本分的中年人，哭丧着脸说：“我也不晓得货主是谁，甚至不晓得把货运到哪里。一切听中间人电话指挥，只告诉了我往南开的大概方位，到时候有人接车转货。估计往返大几百公里，我颠簸这一趟统共就赚两千块钱，包括路桥费和不小心违章罚款。”

司机说着掏出驾驶证、行车证和一纸证明：“我两证齐全，这里还有一张鲜活农产品运输证明……”他突然想起了什么，“请问你们有执法证吗？”

“你这张运输证明肯定是伪造的。我们承认没有执法证，但我们救护站是合法登记的民间组织。要不你报警吧！不过我们得事先说清楚，警察来了我们就要严格督促警察立案，你有义务配合警方追查货主。警方可能不会让我们把这些狗接走，但肯定连车带货扣留。”

司机恼了、烦了：“我才买了这辆二手车，贷款都未还清。我老婆糖尿病三期，我儿子才上初中，一家人就靠这辆车过活！你们救护流浪猫狗也不能断了穷人的活路！”

志愿者不急不躁：“师傅，我们也理解、体谅你的难处。

但我们首先要同情这一车老弱病残狗。你这是把它们往死亡之路上送，等待它们的是屠杀！而且，它们被宰杀后将和死猪、死猫甚至死鼠一起送进绞肉机绞碎，再制成香肠害人！”

司机无语，把自己关闭在驾驶室生闷气。

双方僵持中，出现了意想不到的第三方。

已近黄昏时分，风雪中远处闪现一团灰白的精灵，近了，是小灰。它挟裹风雪之势冲向卡车，径直跳上车厢，在笼内群狗惊喜的吠叫声中啃咬着铁笼。

志愿者们和司机开始都愣住了，半晌才缓过神来，企图上前制止。

小灰边啃咬边不住地回头，龇出锋利的犬牙，狂吠着警告别靠近它。

众人吓得退避三尺。

“这是狗还是狼呀？”

“它的眼睛发绿，凶光毕露！”

“大家不要轻举妄动，它咬不开铁笼的。”

是呀，铁笼是用小指头粗的钢筋焊接的，任小灰咬得牙龈出血，却是徒劳。

但它不依不饶地啃咬着。

水灯不知何时出现了，手腕上还缠着绷带。他大步流星掠过诧异的众人，不理睬众声究问，擅自拉开驾驶室车门，操出一根撬杠跳上车。水灯帮助小灰撬断了一根钢筋。

铁笼洞开，狗们蜂拥挤出铁笼，接二连三跳下车厢……

一群狗把一群人逼退到车头躲避。

小灰警惕地望着手持撬杠的水灯，发现他披着一件黑皮毛斗篷。它表情复杂地嗅着斗篷的味道，绕着水灯转了几圈。然后，它高吠着招呼同类，带领它们奔下张公堤，朝远处的田野奔去。

水灯久久地凝视着，小灰像一只头狼消失了。

附　录

鹏喜作品评论选辑

古朴而悲壮的原色世界

——鹏喜长篇小说《河祭》印象

◎李运抟

读罢《河祭》（载《当代作家》1989年第2期），你若知晓这部描述一支汉水船帮四十余年风浪生涯的长篇历史小说，是出自一位年轻而以往又无甚名气的作者之手时，怕难免会生出几分惊讶。确乎，《河祭》颇为老辣的文笔、宏阔的时空结构、灵韵流动而复杂厚实的人物形象以及浓郁酣畅的生活气息，使人不能不感到年轻作者的出手不凡。无有较扎实的艺术功力，无有对相关历史生活的潜心体验，不付出艰辛的耕耘代价，就不可能有这般浑厚的《河祭》。

在《河祭》座谈会上，与会的朋友们几乎不约而同地指出了这部长篇小说具有浓厚的文化氛围。但这种文化的映现，却无论如何不是牵强附会的硬撑或虚张声势的形而上的结果，就像近年有的作品贴标签式的“为文化而文化”，而是经由对充满原生气息的生活涌流的历史性地描述而企达。抛弃了先验的主观的艺术设计，让原色的生活大河流淌、放荡和咆哮，显示着历史自在的混沌、厚实、复杂与曲折，可以说是《河祭》令人刮目的成功所在。它展示了一个古朴而悲壮的原色世界，并通过这个原色的水上世界，道出了历史是人的历史、文化是人的文化。我当然不否认作者主体意识和主观感受的渗入，但我更以为他尊重生活的本原与历史的真在，并且前者的价值离不开后者。

正是由于这种艺术旨趣的向往，《河祭》首先就给读者展示了一个古朴浑实的水和人交织一体的世界。一支汉水船帮，沿着古老的流经三省十余县的浩荡汉水前行，在四十余年的历史风浪中生存着搏斗着生生不息着。这一切就注定了船帮生活的古朴甚至原始。当一船或一叶划子加上简陋的捕捞渔具成为船民们仅有的亦是全部的财产时，当运货与捕捞作为水上人家的别无选择的生存手段时，当最基本的温饱维持、饮食男女和生儿育女的生活目的同时成为汉水船帮的全部生存意义时，带有原始意味的古朴生存方式就决定了船民们的行为与心态。于是，拜河神为宗教图腾的船民们，便有了野蛮、刚劲、质朴、血性和义气，便需要豪饮、竞力、较勇、斗计和女人。由此便繁衍出了水上世界船上人家的喜怒哀乐、生死离别。外祖父的粗悍重情，祖父的刚烈质朴，外祖母的泼辣温柔，祖母的坚韧灵秀，橹精怪的机警义气，账房先生的文弱又刚勇，鸭屁股的通情达理，等等，都充满了古朴生活的原色调而摇人心旌。小说中的大多数人物，不管着墨多少，其实都给我们留下了活脱脱的印象——作者源于生活本色的描写，使人物有了内在的元气。

古朴并不意味着单一，古朴的生活亦是杂色的存在。我还想赞道的便是小说宏细兼济地描述出了汉水船帮古朴生活的色彩纷繁。与陆地若离若即或离或即的水中世界船上人家，既有单调的日复一日地运输捕捞的生活运行，却又时不时受着整个民族历史生活进程的风暴激浪中，转换、变化的时空便使汉水船帮有了五花八门的生存行为与形形色色的生存心态，便有了弥漫着浓郁文化色彩和浓重历史氛围的七情六欲，便演化出了具有传奇性却又似乎再真实不过的“奇人、怪物、巧事”。船帮之间，既是“明争暗斗，寸水必争，互相倾轧”，同时亦有“互相提携，沆瀣一气，交往彬彬有礼”；啸聚汈汊湖泊的划子帮，杀人越货心狠手辣，帮头独眼龙却怀怜弱之心护衰之情；外祖父闯荡一生傲慢粗粝，舐犊之情却深沉悠长；水水与外祖母偷情还想染指大妮子，似为色中人，却又能为三妮子的惨死而以命报仇；船民们刚烈异常，有时却苟且而活；他们血性浓烈，却也不无猥琐无聊。如斯等等，我们确乎读到了人的复杂和社会的纷繁，亦读出了汉水文化乃至中国文化的重重叠叠此长彼短。这种古朴的深厚浑实的杂色，使《河祭》有了生活的真实亦有了意味的丰富。我以为，这不能不得益于作者对那种历史生活的潜心领悟并超过了某些曾为人们津津乐道的艺术观念（诸如在“艺术典型”和“艺术本质”上的机械理解虚幻规范），而还生活以“天然装，原生样”——不避人生的百般尴尬千般困窘万种惶惑，亦尊重它的光彩与风流。或许，这就是艺术的真谛?

《河祭》所展示的还是一个悲壮的世界。这同样出于对汉水船帮原生历史旋律的弹奏。水火无情，艰辛困苦漂泊不定的水上生涯，似乎脱避不了由风浪所铸就的悲剧与壮烈。在小说中，这种悲壮主要经由两面展开：

一是浸润着汉水文化（民族文化与地域文化的混合体）乳汁的古朴义气。这种古朴义气，笼罩和制约着汉水船帮的行为与心态，亦催化、裂变出船民们的血性之举、刚勇之为。这正是依了这愚昧与高尚、蛮野而质朴、粗悍却重情、混沌又明确的多重意味交织的义气，才将性情各异漂泊不定的船民们和船帮们联系在一起。这种义气，实质上是日夜在漩流和风浪中拼搏的水上人家于漫长的漂流历程中形成的行为规则、情感纽结和精神信仰，而并非无根无柢的盟誓条约。比如外祖父，为答谢祖父予他的相助，便冒风险硬救出了自绑自埋的祖父；比如橹精怪，为了寻找被强人绑票的三妮子，只身深入虎穴狼窝，最后惨死强人之后；文弱的账房先生，则因橹精怪的惨死于“青帮理门”，竟“士为知己者死”地投河自戕以祭橹精怪之魂灵；水水为给惨遭蹂躏的三妮子报仇，那般不顾性命地只身踏入虎狼阵，终是杀死鬼子军官砍下他的胳膊而爬回外祖母身边以示为三妮子祭奠。如斯等等，或出于对帮头的敬重，或源于“为朋友两肋插刀”，或由于保护船帮香火延续的深沉的舐犊之情，或因为某种道德信念的维护，固然谈不上什么光辉灿烂青史可铭，却充溢着古朴文化并延续壮实了它的生命寻觅。如果我们不能也不必以现代的价值尺度去衡量这古朴的义气，而历史主义地审视汉水船帮所处的具体文化环境与生存状态，就不能不为其心旌摇动。

对凶残的东洋鬼子侵略者的抗争，是汉水船帮悲壮世界的另一面的内容。也许，对于汉水船民们来说，谈不上明确自觉的爱国主义和民族主义，但他们却知晓并坚韧地维护一个朴素的民族自尊的信念：不当汉奸！不为外族侵略者所辱！于是，便有了汉水船帮们虽往往被迫却是视死如归的凛然反抗；外祖父斧劈东洋兵尔后自戕壮烈而亡；祖父不甘受侵略者所辱而被挂了“人帆”；独腿朱帮头，危急之际不顾自家性命而奋勇篙扎鬼子曹长；船民们群体奋昂地火烧了运输鬼子粮食的船只，他们烧掉了自己赖以生存的唯一财产，也在烈火中升腾起民族的正气！确乎，这些虽有些混沌虽有些非自觉的抗争，却依然可以称得上可歌可泣。尤其是汉水船民们以那种独特的壮烈行动的表现，使我们不能不为这些血性汉子的义举烈举油然而生悲壮的情愫。而在这方面的铺陈描述中，可贵的是作者几乎完全抛弃了艺术的“脸谱化”，同样尊重了历史的原生景观与原在生活情态。如小说没有避讳汉水船帮忍气吞声做了三年“船役”的过程，如对那位白脸太君心态复杂的细腻描述，等等，都体现了这点。

如果说，独特的题材，独特的视野，笔墨酣畅而又细致摇曳的描述，长大时空的有序而浑实的结构，是《河祭》赖以成功的一些重要因素；那么，如我上面分析的，尊重历史真情和生活原色的艺术宗旨与艺术传达，就可以说是《河祭》获得成功原色的艺术宗旨与艺术传达，就可以说是《河祭》获得成功的更为重要的所在。如果没有这一点，我是很怀疑小说能达到现在的艺术境界和艺术魅力的。有朋友曾说，像橹精怪、外祖父和祖父这样性格鲜明独特的人物形象接踵死去未免“可惜”，而应让他们在作品中存在下去而达到“典型”的完成。我却以为，恰恰是这些人物的“可惜”或曰“遗憾”的死去，倒构成了小说最令人心旌摇撼的地方。因为这不是有意为之的制造悲剧，而正是生活本身存在的严峻与遗憾。生活中不正是充满了许多偶发的事情吗？可以说，鹏喜在这方面克服了以往众多现实主义作品所存在的虚幻浪漫主义与肤浅理想主义的毛病（这种毛病导致了新中国成立以来文学创作上的“伪现实主义”），毅然走进了生活自在的严峻无情之中，从而才有了这样令人“可惜”却是惊心动魄的遒劲之笔。这般的溢满原生色彩的笔墨，我以为对当今中国文坛来说，都是堪值重视的艺术表现。另外，《河祭》无疑存在一些似乎不那么真实的传奇之笔，亦常常使用了仿如非现实时空形式的描述（如娃娃鱼作为一种意象的反复出现，如以一叶无人驾驭的小舟作为橹精怪魂灵的存在），我想，除却某些细部确有雕琢之嫌，大多数的传奇色彩的点染描述，其实还是吻合了汉水船帮的原生生活的。这不仅指汉水船民的漂泊无定风来浪去的水上生涯，本身就会有种种让人意料不到（有时就难以想象）的奇特怪异的现象发生，同时亦指对现实生活的展示绝非仅仅是单纯的“镜子反映”，作者必然要以自己的艺术感悟和情愫体验或多或少地“变形”生活。但即或如斯，也应是为了更丰富浑实地揭示原色生活的复杂多变色调纷繁。

当然，《河祭》也存在一些较明显的不足。如有些主观议论显得太直太露，如整体结构中有些详略不当而枝蔓过于繁杂，等等。总之，我认为《河祭》是一篇较出色的长篇历史小说。必须指出，这样评价并非是因为作者年轻且无甚名气而采取的宽容态度，而是作品自身的魅力理应得到这种评价。对年轻作者的作品，人们往往说要严格要求而使他不致轻飘不致不图再进，其实大可不必如此。“好处说好，坏处说坏”，还是取鲁迅先生这种批评态度为宜，而不必管作者年轻与否名气大小。批评，应对的是作品而非作家。同时企盼作家能不断超越旧我而更上一层楼。

（原载《当代作家》1989年第6期）

寂寞与凝重

◎董宏猷

读完鹏喜的长篇《河祭》，是在静静的春夜。掩卷后，便有许许多多的人和船，许许多多用浑黄的河水猩红的血水酿就的传奇故事，如同那流经了三省十余县的汉水一般，在我眼前流淌。

我首先感到惊异的当然是鹏喜不声不响地推出这么一部沉甸甸的历史小说。在我的印象中，鹏喜似乎显得腼腆内向，也没看到他写什么小说。当商品经济大潮铺天盖地汹涌而来，有些和他一同起步且比他早有些名气的青年作者们再也耐不住写作的清贫与寂寞时，他却于寂寞之中默默地写出了这么一部充满着阳刚之气的长篇，这便使我“一鸣惊人”的惊异之外，生出许多的感慨与欣慰。

鹏喜在我心中便有了与以前不同的分量。不仅仅是因为一部《河祭》，而是当许许多多的中国人吸着“短期行为”的鸦片时，他却不改对文学的初衷，耐得住清贫与寂寞，如同他的汉水一样，默默然而执拗地奔向长江。

鹏喜开掘了一个富矿。汉水船帮的传

奇生活，无疑是令人神往的，那些已经成为历史的故事以及民风民俗，在鹏喜的笔下活鲜鲜地流淌起来。戳手指喝血酒的朋友，不惜自家性命的行侠仗义，东洋鬼子奸掳烧杀，河盗的深夜打劫“撕票”，陆上茶馆的“茶碗阵”以及水旱码头的庙会，湖中划子帮的捕鱼猎雁以及船帮的祭河祭船……我们随着船帮的踪迹不仅读到了古朴、淳厚，带着深厚的行帮色彩的“汉水文化”，而且读到了一个船帮的命运，一条河的历史。

写历史题材并不一定就能使作品获得“历史感”。如果没有对历史进行富有哲理的思考，如果仅仅只是堆砌了许多历史资料或仅仅讲述了一些传奇故事，历史感是不会渗进作品之中的。《河祭》历史感的获得，是和它“汉水文化”的纵深程度分不开的。因此，“外祖父”“祖父”们与东洋鬼子在河上的拼杀乃至牺牲，不再是以往抗日故事的重演，而是那种与汉水一样悠悠的本土文化对入侵的异族文化的悲壮的抗争。因此，汉口也好，襄河也好，便成为一种象征——虽然被血染红，却不减源远流长的历史与文化的精魂之光。

一部作品的长处如果从另一面看往往又是它的短处。在《河祭》中，船帮的生活是漂泊的，作者在谋篇布局时也采用了“散文化”的“漂泊化”的结构法。应该说，这在长篇创作中，不失为一种探索。从作品本身来看，这种“漂泊”也是流畅的。然而这种“漂泊”却有“失控”之感，汉水流经之地，丰富的民情风俗是具有审美价值的，然而作者似乎醉心于民情风俗的“介绍”，因此这些“介绍”便往往破坏了作品的整体感，而且，有些“介绍”还带有“资料性”的痕迹。更值得作者注意的是，在《河祭》中，人物的命运有受制于风情与传奇的倾向，使人感到作者尚缺乏驾驭这些历史及这条河流及人的命运的大手笔。

当然，这样要求一个第一次作长篇的青年作者也许是苛求了。但作为朋友我仍然希望鹏喜再耐寂寞沉下来，潜心拿出更好的作品，而不求一时的热闹与虚名。寂寞往往是与作品的凝重成正比的，或者说，凝重是寂寞的馈赠。在武汉文坛，我们更需要尊重，而非浮华与喧嚣。

（原载《长江日报》1989年）

汉水的馈赠

——读《河祭》札记

◎秦　伟

读完鹏喜送我的新作《河祭》，已是午夜两点，江汉关雄浑的钟声正好敲响。嗣后，无论是数数还是练功都没能使我在这一晚平抑住激动的浪潮。那伴随着江城流淌了不知多少代人的汉江，突然在这一晚变得极亲近、极诱人了。许许多多的船和人，传奇的故事，熟悉而又陌生的民俗民风，顺着历史的长河也顺着汉水古老的河道在我眼前流着、翻腾着，不觉东方之既白。

令我感慨不已的一个重要原因，是鹏喜在多年的磨砺沉寂中爆响了一颗炸雷，不动声色地推出了这部沉甸甸的长篇小说《河祭》，把汉水丰饶的馈赠经过咀嚼以后奉献给了读者。第一个以汉水作为表现对象，以船帮角度展示了令人神往的汉水文化，《河祭》填补了“汉江”小说的空白。鹏喜有点“三年不飞，一飞冲天；三年不鸣，一鸣惊人”的味道。十年磨一剑，这剑委实光芒耀眼。

令我感慨不已的第二个原因，是《河祭》为我们敞开了认识汉水船帮那古朴雄浑世界的一扇窗口，展示了令人惊叹的阳刚之美。读罢《河祭》，我在鹏喜构筑的古朴的文化氛围中徜徉流连。无疑，汉水船帮粗犷原始的生命律动是令人神往的：一个划子一条船，载着妻小和仅有的财产，组成了一个相对独立的世界，十几条划子和木船结帮成伙，就构成了一个多彩的世界。船帮漂流在汉江之上，在水为伍，以船为生，便少不了船帮人独有的刚劲浑沉，质朴义气，便有了喝酒竞力，斗勇斗计；也便有了书中的外祖父的豁达粗犷，外祖母的泼辣温柔，账房先生的文弱豪气，鸭屁股的粗俗重义；也便有为戳手指喝血酒交朋结友、为朋友两肋插刀不顾自家性命的行侠仗义和“明争暗斗、寸土必争、互相倾轧又互相提携、沆瀣一气，交往彬彬有礼”的微妙人际关系。正是在这种复杂的人际关系背景下，外祖父、外祖母、祖父、鸭屁股等人物栩栩如生地在读者面前站立起来；也正是他们在这样的人与人的社会关系的旋涡中升降沉浮，我们才强烈地感受到了汉水船帮独具魅力的文化色彩。

《河祭》为我们展示了汉江流域独特的民风民俗。杨泗庙庙会，汈汉湖划子帮的怪异，光棍犯法自绑自杀等风俗的描绘，构成了《河祭》所具有地域文化色彩和浓重历史氛围的特点，这便在读者的心中烙上了难以褪色的印痕，给读者以全新的审美愉悦。汉水在鹏喜灵韵流动的笔下流淌着，船帮在鹏喜凝重的笔下漂浮着，船帮四十年的历程在鹏喜老辣的笔下变迁着，跟随着历史的脉搏，一齐律动。这一切，假若鹏喜对汉水的历史和现在没有深入的了解和潜心的体验，没有对汉水丰饶馈赠的反复咀嚼，《河祭》便没有这般鲜活、这般深沉的面貌，也没有这么深厚的底蕴——事实上，鹏喜是汉水的儿子，他用了二十年，把他的心浸泡在汉江里，只到了“十月怀胎”，瓜熟蒂落，每一页稿纸都透出汉水船帮的味道，于是《河祭》才以独特面貌出现在我们面前。

生活给予我们的馈赠是公正的，并不是每个人都能体味到生活馈赠的可贵。汉水给了鹏喜丰饶的馈赠，鹏喜又还以汉水厚重的回报，于是有了这部《河祭》，有了我的感慨。

（原载《长江开发报》1991年3月）

悲壮的画面 浓郁的诗情

——《河祭》印象

◎季 则

近读鹏喜的《河祭》，其开篇石破天惊，很担心又是什么一蹦几丈高刀枪不入之类的路数。然而读着读着，使人领悟一种如疲惫坚韧逶逶迤迤流奔而来的汉水那样一种深沉悲怆的情愫，使人惊讶地感到，这绝不是一部什么武林豪杰加醇酒美人的书，而是在特定的历史背景、特定的地理环境下衬出的一幅散发着浓郁的诗意和悲壮色彩的画卷。

读完《河祭》全篇，就读出了作者的主旨：以半封建半殖民地时代的汉水流域为背景，以汉水流域芸芸众生中的一个特殊层次——汉水船帮的起落兴衰为纲，活画出了一群“虽布衣粗食却血浓性烈胆大心高的好汉、强人”，从而展示出一幅具有一定美学价值的独特民俗风情画。在作者笔下，唐河帮帮主外祖父杨大麻子、祖父赵斌记、船老大鸭屁股、橹精怪……这些田无一升、地无一角的水上漂汉子，绝无什么理想、抱负，为着自己和家人、朋友的基本生存条件，在生活的长河里斗风斗浪。这绝不是一群英雄，离完人的标准更是很远很远，他们承袭了很多历史和传统赠给他们的毛病、弱点——他们酗酒、打架、精神世界狭窄，然而，正是这些人，在异国侵略者践踏自己的国土、糟蹋自己的同胞的时候，用自己的血和肉，表示了作为人的抗争，用自己的血和肉，作为拯救国难家仇的祭奠和牺牲。他们这些人，绝大部分都死在盛年期，都是横死——死得极惨烈，而且死得极其默默无闻，然而，这些人的死，与历史公认的英雄悲剧色彩一样浓郁！

从写作学的角度看，任何作品的构成因素总离不开内容和形式两个方面。《河祭》除了塑造了一群栩栩如生的艺术形象之外，在形式上亦颇为讲究。这种讲究集中表现在语言的使用技巧上。

富有浪漫调子的语言勾出了一组丰富的形象，动静结合，声色互衬，给人以粗犷与细腻相辉映的美的享受——作为青年作者的处女长篇，这是很可贵的。

除此之外，在吸收民俗俚语上，在处理语感节奏上都表现出一定的功力。

当然，诚如推出《河祭》的《当代作家》（1989年第2期）卷首语所言，《河祭》的确存在笔力分散、主要人物主体感欠强的毛病，这说明作者对写作对象的体验和把握鸿篇巨制经纬的能力还有待增强。

（原载《书刊导报》1989年第24期）

原色的生活与诗化的情怀

◎李运抟

去年溽暑时，鹏喜送来了厚厚一摞《不远的木屋国》的清样。虽酷热难耐，我却不歇气地也是津津有味地读完了它。不久我离开了武汉，却还惦记着《不远的木屋国》，不仅为作者高兴，也油然而生说说的念头。

在武汉时，曾多次和文友们谈过“汉味小说”的创作。读《不远的木屋国》清样时，便觉得鹏喜写出了一部堪称地道的“汉味”作品。文学是语言的艺术，毫无疑问，《不远的木屋国》语言的地方化或说“汉化”首先就让人觉其“汉味”浓郁。然而这只是其一。《不远的木屋国》“汉味”的浓重，更在于它真实灵动地写出了老汉口那种地段色彩显著的风土人情和物景世事。又由于作者选择了他相当熟悉的贫民区生活作为审美对象，因而使人不仅读出“汉味”的纯正亦亲切自然。可以说，《不远的木屋国》展示了一幅长长的既有“汉味”又充满生活原色的汉口贫民区的当代画卷，同时因了特殊的时代背景而耐人寻味。

《不远的木屋国》主要写了木屋村的两代人和“文革”时期的故事。莫师傅、赵瞎、张铁匠、贼婆婆等老一辈底层市民作为木屋村的开创者，带着各自的人生坎坷和隐秘齐聚一起：汉生、白伢、黑伢、建桥、大业务、小业务等作为新一代的木屋村人，在棚户区固有的贫穷、寒酸、野蛮中长大。相濡以沫同舟共济的温馨、义气、刚直、重情、讲德。小说特别精彩处就是写足写透了木屋村居民这种复杂的生存情态。这就是生活的本来面貌。这就是贫民区原色的状况。作者以不虚美不隐恶的笔触，将这一切跃然纸上。如果说集墨于“文革”背景下的刻画与展示，我以为这种时代选择很可能与作者的年龄有关，即也是成长于“文革”的作者选择了自己很熟悉也最刻骨铭心的青少年时期的生活来作为题材主干，那么这种特殊的时代背景客观上也利于表现木屋村人的生存状态和性格特征。混乱与动荡中，既格外地释放了木屋村人劣性的一面，也在极致中显示了良性的特点。和平时代，容易掩盖生活与人性的特点，动荡岁月和极端处境倒易现出本相。

如同鹏喜的第一部长篇小说《河祭》，《不远的木屋国》也表现了相当程度的传奇性。像开篇的首章《木眼》和尾声的《船屋》，传奇性就成为首尾呼应的纽结。而诸如《死谜》《水兽》《辟谷》《摩天》等章节，也多有扑朔迷离的传奇情节。但我以为，《不远的木屋国》的传奇性与《河祭》不同，后者是整个情节进程都贯注着传奇性，而《不远的木屋国》重在写实或者说基本上是力写原态生活，传奇性只是对写实的辅助和点染起一种烘托作用。这种传奇性，在《不远的木屋国》显示为一种主体性很强的诗化情怀，寄托了作者的某些人生理想和人生诗意。木屋村人的生活委实太苦太沉重也太多琐碎的灰色，集中了底层贫民的艰难困苦，在新的一代木屋村居民中，汉生是唯一想读书有追求的贫民青年。作品最后让他神秘地出走而浪迹自然之中，这就是寄托了作者理想的一种诗化情怀的典型表现。在小说中，这种诗化情怀多处可见。赵瞎的灵与肉的搏斗而最终是灵的升华，莫师傅不屈邪恶而奇异的举动，木屋村人之间不少感人的温馨，直至汉生的出走，这都表现了诗意与理想。作者力写木屋村人生存的苦难多灾，却希望他们能过得好一些能摆脱灾难，于是便注入了诗化情感。汉生去追逐充满象征意味的“明天”，无疑是最典型的注释。值得注意的是：《不远的木屋国》中的诗化情怀并未冲淡现实苦难。正因为写足了苦难尴尬，诗化情怀便成为自然的向往的表现。读者阅读起来，才能自然的接受并也希望如此。

（原载《长江日报》1997年11月14日）

文化风情与散文化笔法

——读鹏喜的长篇小说《不远的木屋国》

◎鲍　风

如何写出武汉人民的心态并进而为文坛贡献出风味浓郁的“汉味小说”，一直是困扰许多武汉作家的一个创作课题。从这个角度来看长篇小说《不远的木屋国》，不能不说作者做出了有益的探索。小说以一个处于城市边缘地带的市民群落的兴衰，从一个侧面揭示了武汉市民心态的某些内涵，揭示了这些市民心态机制形式的内外原因。整个作品的基调，给人一种沧桑与悲凉之感，从创作主体到小说人物均呈现出一股深沉的悲剧意识。

小说对木屋国居民群落的文化剖析是全景式的。木屋国居民群落的形成带有相当大的偶然性，而每一家在此落户同样是零散的，每一家每一个人联系在一起，亦是出于基本的生存需求，而没有一种必然的文化原因，他们和农民的区别就在于他们走出了对土地的依赖，然而他们仍时时面临着饥饿与贫穷的威胁。这就决定了木屋国居民的生活方式与思维习惯离都市文明有一段不小的距离，这种特有的生活方式与困难习惯决定了他们文化性格中的散漫性、生活个体化与精神生活的苍白。

无论是贼婆的精打细算，还是搬运的莽撞粗鲁，还是汉生母亲的胆小怕事，等等，它们都从各自的侧面映照出木屋国居民的整体性格，他们缺乏一条主导性的文化链条，带着相当大的自然生态性，很难用一条什么人生准则行为把他们概括出来，更难用一种人生信仰将他们组织起来。这种生态性人文文化很难说是农民式的也很难说是市民式的，将其视作城乡文化的过渡带似也显得牵强，也许我们目前还难以找到一种价值话语来界定它。

这种散漫式文化性格具体地表现于他们现实生活的个体化，无论从生活方式或是生活行为。他们的生活很少有群体性，这在老一辈木屋国居民身上表现得尤为明显，即使在汉生、建桥这一代人身上，即使像在木屋国拆迁这一群体性活动上，木屋国居民生活的个体性仍表现得十分明显，他们偶尔也可以组织到一块，但其深层原因是因为拆迁牵涉到他们每个人的切身利益，而且，就是在拆迁这一关系到他们每个人切身利益的事件上，木屋国居民参加静坐等活动，也很少考虑木屋国的整体利益，而更多的是怀着个人的打算。

在木屋国，很难谈到精神生活，作者设置的赵瞎的二胡声恰恰反衬出木屋国的死气沉沉，赵瞎的二胡时时流泻出世界经典名曲，这与严重缺失精神生活的木屋国的整体氛围恰好形成鲜明的对比，在艺术表现上，不啻是一种更具文化味的反讽，这无疑增添了作品的悲剧色彩。

木屋国人的性格空间是什么？木屋国居民群落村落如同一片精神的沙漠，在这里产生了斗殴、纵欲、堕落，而像汉生这样既沾染了不少恶习又想生活得自在一些的年轻人显得又是那样无奈，作者究竟想说明什么？那个时隐时现、贯穿小说始终的赵瞎，是不是作者在文本中设的一个耐人寻味的隐喻？这一系列的问题渲染了该小说的文化色彩，使笔者强烈地意识到其文化色彩远远浓于它的风情色彩。而且，笔者可以断言，这将是这部小说引起人们关注和争议的焦点。有不少笔者谈到小说的人物塑造问题，认为作者对人物的透视过于散，认为作品缺乏一个贯穿始终、影响整个情节推移的人物。其实，细细读来，便可以感觉到，作品的描写主体并非是单个的人，而是作为整体文化的承载者：木屋国。作品刻画了并非是木屋国的物质地貌，不是生活于木屋国的单个的人，而是木屋国风情，木屋国文化，我们姑且称作“木屋国性格”。汉生、赵瞎等几个贯穿小说始终的人物，他们的所作所为，都受到“木屋国性格”的影响，但他们却不能替代木屋国的性格，甚至不能算作木屋国性格的主流，他们代表的恰恰是木屋国性格最需要而目前又较为缺乏的部分。

正因为作者集中笔墨刻画的是“木屋国性格”，所以作者在文体处理上采用的是散文化笔法。我很惊讶的是，作者如何将这种散文化特色具体表现于叙述方式、叙述语言的散文化、小说结构的散文化、人物形象的散点透视、人物出场的随意性。

作者紧紧扣住“木屋国性格”这一点展开自己的文本操作，小说起笔便从“木眼”这一独特的拟人化视角开始，以“木眼”视角来观察木屋国的变化，“木屋国性格”的内在外在构成，给读者一种“亲在”的感觉。这样处理，实质上已把“木眼”当作一个独特的人物形象来刻画了，语气沉重，给人一种苍凉之感。在物质层面，木眼是静止不动的，它接触外界的顺序也就成了作者叙述的顺序，这与以下篇章的第三人称叙述方式很不一样，在这里（包括以下篇章）叙述人语言、作者立场、人物生存方式既相联系又相统一，共同构成一种散文叙述风格。

该小说开头和结尾的结构与中间部分在风格上有着较大的差别，中间主体部分以人物出场及人物性格的展示形成为序，每一节有自己的相对独立性，整体上看，散文化倾向又十分明显，这又恰恰与“木屋国性格”的散漫性在精神上相当一致。尽管读起来仍感觉过于枝蔓有伤文本的美学效果，但对“木屋国性格”的刻画又不无益处。

同时作品因围绕“木屋国性格”的塑造展开人物在木屋国的活动，这必然造成小说涉及的故事情节一种散漫的特征，小说没有一个贯穿始终的故事，也不需要叙述一个有头有尾的故事，对人物的介绍带有极大程度的随意性。这在长篇小说的文本尝试上，作者无疑进行了自己的探索。

在小说创作中追求一种地域性色彩，是当代作者的一个共同特点，也是长篇小说《不远的木屋国》的突出风格。其地域性，不仅内在地体现于小说的“木屋国性格”的刻画中，不仅体现于对木屋国居民群落文化机制的揭示上，也外在地表现于小说的叙述语言和小说的人物语言风格上，表现于木屋国居民群落特有的风俗习惯中。

作品开头结尾部分，叙述人语言和作者语言处于相区别的阶段，在作品的中间部分，叙述人语言和作者语言便浑然一体，采用的是武汉白话，尽量少用方言，所以小说的人物语言和叙述人语言一个显著的区别，便是对方言的大量运用，这些方言的运用，不仅有助于展示人物的性格特征，而且有助于烘托小说的文化氛围，使木屋围居民的文化性格在其语言中得以较好呈现。值得一提的是，在具体人物语言运用时，作者似乎无意让“方言”在人物性格刻画中承担太多的责任，这极易造成关于人物性格刻画、人物语言是否个性化等一系列的疑问，其实这正说明作者在揭示“木屋国性格”上做出了大胆的尝试，作者借方言以体现小说的地域性，但任何过于突出的个体人物均有对“木屋国性格”伤害的揭示的可能，因此，作者对方言的成功运用，实际上是对木屋国居民文化性格的成功刻画，是对“木屋国性格”的地域性描写。

小说的地域性色彩还表现于对木屋国风俗画的描摹上，

尤其是在木屋国拆迁那部分，从吃、住、邻里关系等，均表现出一种浓厚的地域色彩。“地域性”在小说中，绝不是简单的故事背景，也不是人物生活的生态环境，它带有相当的人文意义。有时候，其表现为远远超过小说中一个具体的人物，尤其在像长篇小说《不远的木屋国》这样文化色彩较浓的作品里，“地域性”就不再是文本操作的需要，而是揭示一个群落集体文化精神的需要。所以从这一点看，作者完全可以以此为文体体例，做出进一步的探索。在这里，同样有许多许多问题需要做进一步的探讨，譬如，是否一定要在方言处理上，让人物语言的地域性超过其个性？如何处理人物语言的地域性和个性之间的关系？我想作者肯定有自己的考虑。

（原载《芳草》1997年第5期）

变迁的阵痛

——《不远的木屋国》评介

◎袁承维

一幢幢高楼拔地而起，一座座立交桥凌空而立。这是现代城市建筑的新景观。昔日的木屋、平房及其主人经历过、见证过这种变迁。这种变迁，好像婴儿出生，伴随着阵痛、羊水和血污。鹏喜的长篇小说《不远的木屋国》，出色地写出发生在武汉的这种变迁，以及这种变迁对人们心态的影响。这部长篇小说，是《金黄鹤文丛》的一道风景线，是武汉市城市建筑的一道风景线，也是作者作品的一道风景线。

从内容上讲，写现实、写身边的变化。古人说：“不识庐山真面目，只缘身在此山中。”意思是说，置身山中，会有片面性；只有居高临下，才能看清全貌、全景。鹏喜同志生在武汉，长在武汉，他目睹了武汉三镇的发展变化，可谓“身在此山中”，他却“能识庐山真面目”。这是因为他能从三个角度看问题：从历史发展的角度，写出两代人生存、抗争的历程；从居高临下的俯视角度，写出了从木屋国到高楼群的城市建筑图景；从微观角度，揭示时代变迁带来人们的心态变化。他不去写历史题材，不写武打、言情题材，敢于正视现实，反映现实，尽管它很难把握，很难表现。这种创作态度，这种勇气，本身就有沉甸甸的分量，值得称道。京汉铁路将汉口西部分割为南北两边，北边原是野杉林，后来有一座小木屋，一片小木屋，再以后形成了十字街、王字巷。他们住的是"破屋、丑屋、坏货屋、简陋寒酸的屋"（原书第1页），吃的是"咸稀饭"（49页），孩子责怪妈妈做的是"丑食"（53页），用"绝食"（53页）表示抗议。他们拾茄子、拣苞谷、用西瓜皮、胡萝卜缨子做菜。1951年，那一条横贯东西的铁道外大道，命名为解放大道，但是，木屋区的居民们，仍然过着贫苦的生活，他们经历过"文革"的动乱，他们经受过水灾的洗劫。木屋的第二代，把木屋上再架上一屋，成为二层阁楼，却仍是个水乡、窄巷、木屋国。20世纪80年代末90年代初，改革开放的春风，吹到这个木屋国，房产开发公司征用这块土地，兴建高档小区，却遭遇木屋围居民的抵制、反抗，他们怕失去那破旧的家园。负责拆迁的朱明，"他是高干子弟，却不是纨绔子弟，对老百姓的疾苦，他还是有所耳闻、有所目睹的。可是第一次深入进去，看到木屋村人的生存环境时，他大吃一惊，想不到城市贫民窟的芸芸众生竟是这般艰难地活着。"（336页）他认为"对木屋村的拆迁，简直就是造福一方的慈善事业"（366页）房产开发部门，一方面公布分房通知，一方面继续动员拆迁。木屋村的一些人，纠集众人，到折迁办公室门前，去请愿、去静坐，并且造成了交通阻塞。引起了武警驱散人群，疏通道路（401–402页）。“青山遮不住，毕竟东流去”，摩天大楼拔地而起，武汉三镇的市民奔走相告，互相邀约，来看小区最高的建筑群，“在这些惊喜的人群中”，心情最为激动复杂的还是这些原住木屋村的老街坊们，他们亲历了一场翻天覆地的变迁，目睹了“他们低矮丑陋的木屋狭巷，像杂草野棘被割刈一尽，高楼像一株独秀的绿色基因工程植物，飞速成长拔节的全过程”（487页）。变迁有阵痛，阵痛后，是新生的喜悦。

从形式上讲，艺术手法很成熟。这部长篇和作者获奖的小说《河祭》相比，可见作者艺术手法的成熟。这种成熟，主要表现在以下三个方面：一是成功的细节描写，第二章第十二节，白伢摸青蛙，黑伢逮蛤蟆，具有浓郁的水乡风情。第五章第四节，孩子们偷盗自行车铃、制造皮带扣的描写，也是一个时期的风情。第十三章第三节，挤住板屋里的人们，寻欢作乐不敢出笑声，听见邻居的床笫之声，也是一个时期的人心窘态。二是巧妙的衔接过渡。三是语句的文学色彩。

小说若说不足之处，我认为是写木屋村的第二代，缺乏成功的正面形象。我们反对“四人帮”的“三突出”，也防止用低沉的调子写灰色的人生。

（原载《武汉人才报》1997年2月14日）

序《冰上猎与舞》

◎管用和

我去过海滩，不只是观光游览，还着意拾过贝壳。不只是拾，有时还撬、还掘。我曾经收获颇丰，高兴地写道：贝壳各色各样/真是美不胜收/白日细细观赏/夜晚挨着枕头。但是，当我重新走旅途，鼓鼓的贝囊在身，越走越觉沉重，越走越觉累赘，总是力不从心。于是，美成了负担/美成了忧虑。我一路走/一路抛丢……直至家中，囊中宝贝，所剩无几。

鹏喜与我不同，他在海滩拾了不少宝贝，塞得旅行袋涨如牛肚。长途跋涉，费尽艰辛，终是一枚不弃。为什么？作者在《拾贝与食贝》一文中写道：

"宝贝宝贝，贝之为宝，宝在宝物之心，宝在审美取向。"

由于作者有宝物之心，也有宝物之眼力，才不仅仅是一时之爱，才有着坚强的毅力，使拾得的宝物不致像我那样得而复失。收在这本集子里的一些文章，就是鹏喜在广阔的生活海洋里获取的宝物。

可贵的是，鹏喜拾贝，有与人不同之处。他不贪图浮光异彩，而要求质地坚实分量沉重之贝。其貌不佳的海蛎子，一般人都不光顾，在鹏喜眼中，却是“横卧似千丘万壑，竖立如险峰奇岩”，他偏爱上这粗糙厚重的东西，他说：

“我嫌扇贝轻薄易碎，重点收藏海蛎贝壳。”

对于别人吮食过的东西，他是不屑收取的。他表白：餐桌上的油渍贝壳一概不要，宁可舍近求远去寻浪淘沙磨的洁物。

鹏喜拾贝如此，写作又何尝不是。读读这本集子里的文章，你不会感到浮泛轻飘。见不到那以华丽词句掩盖着的虚无缥缈，见不到以云天雾地缭绕着的玄奥诡秘。无论是《旅途偶记》还是《记者作品》，无论是《编辑随笔》还是《都市写生》，无论是《田园觅梦》还是《少年遥忆》，一一读来，都会感到实实在在，充满人间烟火，具有时代意识，叙事的，抒情的，描人的，状物的，谈经论道的，说理述怀的，见闻见趣的，谈知谈识的。尽管繁简不一，深浅不等，文采格调也不尽一致。但无矫揉造作，无作势装腔，无陈腐之气息，无时髦之潮风。单纯并不单调，明净并不清寡。读来亲亲切切，情真性至，悠悠天韵，朴而不拙。的的确确，是一些经过“浪淘沙磨的洁物”。我想，这与作者的修养和追求有关。作者胸臆，在《拾贝与食贝》一文中也有所表述：

“……又见卖工艺品，编贝为猫狗为鼠……贝是海的生灵，贝壳是海的结晶，却人为成泥土俗物来附庸风雅，委实可笑。莫若收藏浑然天成的贝，返璞归真才好。”

具有天然本色的素质，达到返璞归真的人生境界与艺术境界。这的确是一些散文大家所追求的。鹏喜的观点我是赞同的。我曾在一篇散文诗《海夜》中表达过这样的见解：“愈是美的，愈是自自然然的。”但是，若反过来说，“愈是自然的就愈是美的”，那就不见得。特别是艺术品，若就自然之物，予以别具匠心的琢磨，尤能归真。我感到鹏喜的这些朴而不拙的作品中，某些篇章还是欠琢欠磨的，显得板滞些。文学作品中往往出现这样的情况，太实反觉不真。尽管，散文一般都不是虚构的，但对待生活，须从感情的价值、审美的价值出发，去发现，去开掘。写作的成功，有赖于作者见识的高远，构意的新颖。表现手法的独创。像古人所说的那样，“发想超旷，落笔天纵”“淡语而有深味，浅语而有深致”，才能避免平直痴涩。作者的写作功力在不断地提高，相信他今后一定会更加娴熟地运用散文这只彩笔。

鹏喜外憨而内秀，他将丰满多彩的语言沉淀于心底。平时寡言少语，一旦表达起来，总有惊人之处。他曾经以一部长篇小说《河祭》出人意外地使文坛瞩目。我认识他便是始于《河祭》，未见其人，先闻其声，惊讶武汉的文学青年中竟有此才，好一个“闷鸡子啄白米”者！今日读他的散文作品，每逢佳境，也有同样感觉。此集中所表现某些人与事，是我所经历过所熟悉的。读着读着，常常使我感叹：这就像是我不耐重负而轻率地丢弃的宝贝呀！还是鹏喜既有胆识又有毅力，终于聚宝入盆。特别是他在海滩拾贝，竟将那些别人都嫌其形秽的海蛎拾回来，也派上用场，更令我佩服。愿作者今后更加独具慧眼地从生活的海洋里拾取更多的宝贝。在这本散文集付梓之时，写了以上碎语，不足为序，仅作开场锣鼓。

（原载《武汉工人报》1994年5月3日）

《花会》：城市欲望的传奇叙事

◎李俊国

一

近年来，武汉作家对于自己的城市越来越显示出文学表现的热情和兴趣。从长篇小说来看，已有彭建新的《孕城》、刘富道的《汉正街》、刘醒龙的《城市眼影》、杜为政的《书院街》、池莉的《生活秀》、钱鹏喜的《花会》、邓一光的《江山》，再加上方方、魏光焰、张执浩等作家长期致力于武汉城市人生题材的中短篇创作，武汉作家集中笔力，开始了对于武汉都市的文学性书写。

武汉，作为内陆型的大都市，它有着丰富的城市内涵和鲜活的城市个性。得风气之先的开放性与传统深厚的乡缘性；八方杂处的市民气与首义之都的政治性；帮会林立的江湖作风与商贾云集的商埠气息；九省通衢的便捷多变与九头鸟的灵巧机智……使得武汉在北京、上海、广州、天津、成都、西安、哈尔滨等中国大都市群落中，具有独特的城市文化意蕴。从都市与文学的关系层面说，武汉，应当而且必然引发作家的书写热情。有如上海，一座城市引发了包天笑、朱瘦菊、刘呐鸥、穆时英、叶灵凤、施蛰存；蒋光慈、丁玲、夏衍、茅盾、周而复；张爱玲、钱钟书、白先勇、王安忆、程乃珊；须兰、毕飞宇等作家的文学书写。一座内陆大都市武汉，正在引发彭建新、刘富道、杜为政、池莉、刘醒龙、钱鹏喜、方方、魏光焰、张执浩、阿毛等作家的创作热情。

从都市文学意义说，武汉与上海相近似，是一座文学创作的富矿。面对这座城市文学富矿，我们看到武汉作家们已经显出各自的“进入城市”的开掘方式。

彭建新从汉水改道，张公筑堤，刘歆生造就汉口的城市发生学的历史纵深处，描述着武汉的“孕城”历史；刘富道从历史文献的钩沉中，再现“天下第一街”汉正街的历史风貌；邓一光从时事交替政权变更的角度，描写江城巨变；杜为政经“书院街”走进武汉，聚焦于武汉书院文化的脉络；池莉则由来双扬生存状态与吉庆街风俗传奇的路径，展示武汉市民“生活秀”；方方的“河南棚子”，魏光焰的“街衢巷陌”，所穿透的是武汉市民的人性“风景”；刘醒龙以都市情爱，张执浩以人性分析，切入当代武汉的都市人生。

应该说，不几年时间，武汉作家不仅显出描写都市的文学热情，而且很快形成了自己的城市书写的个性方式，这无疑是武汉城市文学的可喜现象。因为，只有多角度多样化地切入都市，才能掘取武汉都市的文学与文化风韵。

二

在为数众多的描写武汉的小说作品中，钱鹏喜的长篇小说《花会》，显出它的特殊性：都市题材的特殊性与作家切入都市的文学视点的特殊性。

花会，据鹏喜先生的小说描写，是曾经广传于武汉三镇的赌博方式。花会“最先盛行于港澳一带水上人家。港风西渐，沿长江传至下江吴越，再至江汉平原”。“花会”传播到汉口时，正值辛亥革命前夕，事隔二三十年又死灰复燃。[1]

长篇小说《花会》，描写的是抗战前后武汉花会的流行兴盛，风云变幻的历史。以花会兴衰写武汉历史，是《花会》对武汉书写的鲜明特色。

花会，作为一种特殊的赌博组织与赌博方式，构成了旧武汉隐形的神经网络。与赌馆、跑马场、交易所等旧上海盛行的赌博方式不同，花会带有很强的民间仪式感与文字雅趣和智力游戏性。

花会投注低廉方便，能吸引一般市民的参与；开场仪式的怪异神圣，如庙会赶集，迎合着市民的聚合性与好奇心；海底猜谜的文字雅趣，相当程度地满足了“小姐、夫人、姨太太和青楼妓女，也有一些街道闾巷来的婆婆妈妈”等城市女性的闲娱心态。[2]从花会的社会结构形态看，它几乎网络着城市社会的每处空间；游走于街头巷尾的“划子”们，设在各处杂货店的代销点，刊登在武汉报纸传媒上的花会题纸，花会的信息传播、题材发行，构成了一种隐形的城市网络。再从花会的社会组织形式看，花会由上海富商吴海笙与本埠财场高手（南馆南生）张宗榜联盟，背后依靠武汉青洪两帮大亨杨青山，由此结成党政军警甚至洋奴买办和帝国主义在华势力的城市网络。实质上，旧武汉除了区划行政性城市网络，除了农工士商系统性行为网络组织之外，花会，以及由花会利益同盟所结成的权利结构，是另一种牵一发而动全局的民间性和隐性城市网络。

值得注意的，花会这种民间性的隐性城市网络，直接与城市欲望关联。或者说，它的形成基础与驱动力不是别的，只是城市欲望，以金钱投注方式以博取更大利润的赌博欲望。可以说，花会是由金钱欲望织成的一张城市欲望之网。与城市交通网络，城市行政区划网络，城市市民生态网络比较，城市欲望之网，是隐性的，是看不见摸不着的，但又是动力无穷魔法无边的城市驱动器。因为，欲望是城市的本原或本质。巴黎、东京、纽约这些世界大都市往往被人称为“欲望之都”，形象地显示出都市文明与人类欲望的轨迹与规律：“人类欲望像条红线贯穿了城市的起源和发展的各个阶段。……因为，欲望是创造文明的唯一动力。”[3]

在以往的都市书写方式中，文学家或全方位地描写都市（如茅盾的《子夜》，彭建新的《孕城》）；或取一街一巷式的市民生活，传达都市的文化生态（如老舍的《四世同堂》，池莉的《生活秀》）；或以一人命运沉浮再现都市兴衰（如王安忆的《长恨歌》）；或取一家一户市民生活碎片透视都市人性风景（如张爱玲、方方小说）。……而鹏喜的《花会》，另辟路径，由花会这种民间性的隐形城市网络，描写二十世纪三四十年代的武汉历史。由“花会”写武汉，最终直逼城市欲望。《花会》，在中国都市文学的城市书写方式中，开创了一条新鲜而有效的城市描写方式。

三

当作家鹏喜经由“花会”进入武汉历史书写时，他已经将“花会”人事的描写，直逼到人性的欲望层面。面对赤裸裸的、亢奋而膨胀的、炽热而燃烧着的金钱欲望，《花会》人物全都显示出反常态、极端型的人性状态：阴险、歹毒、暴戾、凶残；人，无论男女，围绕“花会”的争斗，聚焦于物欲的抢夺，各个上演着残酷而惨烈的人生戏剧。

小说《花会》的叙事主线是武汉花会的发生史，更确切地说是花会盟主地位的争斗史。因为，谁拥座于花会盟主座位，谁便拥有了无尽的钱财与利润，所以围绕着盟主座位的争斗，小说用尽笔力，叙写着吴海笙、张宗榜、蔚居卿、植木樱子、紫鹃的传奇人生；经由这系列任务的传奇故事，立体地再现出武汉花会的风云变幻与武汉历史的波起云涌。

上海富商吴海笙与“九头鸟”张宗榜联手设计赌局，诱使汉口地产大王刘韵生之孙刘公子输光汉口京官祠堂的地产；吴海笙占据京官祠堂开花会，做盟主。此后，身为副盟主的张宗榜不惜以妻子紫燕做诱饵，使吴海笙玩弄紫燕后丢失盟主地位。1938年，日军占领汉口，身为租界买办、花会副盟主的蔚居卿趁张宗榜回黄陂乡下避战乱之机，篡位盟主重开花会。其后，张宗榜与紫鹃为重夺花会，与蔚居卿和植木樱子展开长达数年的明争暗斗。

花会盟主争斗，显示出武汉历史的多重势力和分合衍度。上海富商吴海笙占据京官祠堂开花会，暗示着海派势力对内陆城市的势力渗透，张宗榜加害吴海笙，篡位盟主，是武汉本埠势力“九头鸟”性格对海派势力的火并与征服。此后，张宗榜和紫鹃，与蔚居卿和植木樱子那“黑白牡丹”的龙争虎斗，则衍变为本土与域外势力集团的矛盾冲突。小说《花会》高明之处在于，通过武汉花会的权力更迭，写出上海与汉口，汉口与日本帝国主义势力的相互勾结与渗透、冲突与排斥、联盟与分裂的复杂过程，从而，《花会》从民间赌博组织的隐性结构折射出武汉历史的生动性与复杂性。

《花会》的人物性格及人生命运，都具有反常态、极端型的传奇性。上海富商吴海笙凭借阴险手段，计害汉口刘公子，占据汉口京官祠堂。但螳螂捕蝉，黄雀在后，吴海笙最终败在他“最得力的助手”张宗榜手上。一场“美人计”让吴丢掉了盟主座位。同样地，张宗榜篡夺盟主地位后，蔚居卿用其人之道，还治其人之身，趁机取代了狡猾多端的张宗榜。

小说最具传奇性的人物，无疑是张宗榜。张宗榜由黄陂乡下到汉口花会盟主的传奇人生，其中经历过汉正街小老板的风雨飘零，南馆南生的尴尬生涯；有过漂流上海寄人篱下的孤寂；有霸占妻妹、预设美人计的歹毒；也有过日据期间劳工囚禁的屈辱与艰辛……在张宗榜的人生轨迹中，融合着屈辱与辉煌，阴险与歹毒，得志与失意的多重人生内容和大跨度的升降沉浮的生命特征。在他这大跨度的生命时空间，隐含或折射出多样性的时代风云。

《花会》中的“白牡丹”植木樱子也极具传奇人生。二十年代，樱子随丈夫植木在汉口开设药堂，“推销日本成药。发售医疗器械”，继而走私贩毒大发横财。七七卢沟桥事变，樱子与买办蔚居卿勾搭成奸。为占据汉口花会，樱子与蔚居卿结婚，摇身一变为花会新盟主“白牡丹”。樱子从一个人生侧面，反映出日本帝国主义在华势力的沉浮消长，颇具历史性。

紫燕，作为《花会》的另一传奇人物，显出别样的人生意义。紫燕的存在，形成了与《花会》欲望人生相悖的人生张力与意义空间。紫燕因父亲豪赌而自卖青楼，以还父亲赌债。

结识张宗榜而使张的发妻病故，“她名正言顺做了张太太”；但人生好景不长，丈夫设计霸占妹妹紫鹃，并诱使自己遭吴海笙奸淫玩弄。身心俱焚的紫燕，矢志皈依佛门。由归元寺、长春观、龙王庙、宝通寺、莲溪寺一路飘零逃离尘嚣，远避刀光剑影的“花会”。一介弱女子，在乱世年月，最终修成“严华大学女弟子”。紫燕的传奇人生，与张宗榜、吴海笙、蔚居卿们及妹妹紫鹃、植木樱子们的欲望人生，形成鲜明的对照与反差。前者的生命，从世俗欲望中超拔飞扬；后者的人性，由欲望驱使中沉沦坠落。因为有了紫燕的生命存在形式，使得小说《花会》拓展了欲望描写的意义空间，同时，又使《花会》对武汉的城市书写，延展到佛门净土的文化世界，从而客观上展示了与世俗人生对立的武汉宗教人性空间。

四

鹏喜先生为人为文，常给人以朴实而耿直的印象。小说《花会》，却展示了作家少为人知的浪漫张扬的传奇个性。据作家自述，“《花会》的题材。有一段史实，随着无痕岁月消失得无影无踪。”[4]仅凭一段被湮灭的史实，创作出22万言的长篇小说，作家放弃了他惯用的严谨的写实手法，而借用“想象力”和“虚构”手法。[5]连缀故事，状写人物，铺展成篇。结果，《花会》风格形态多了些浪漫张扬的个性，多了些想象虚构成分，也自然多了些传奇韵味。

正因为“花会”史实大部分无案可稽，所以，作者创作时自然少了些“历史”的限制。于是写《花会》的鹏喜获得了他此前意想不到的创作“自由”。于是，他将花会的盟主争斗，写得刀光剑影，险象环生；把花会主要人物性情写得大起大落，反常极端；将花会故事与武汉局势（抗战）穿插缝合，写得汪洋恣肆，波澜起伏，意蕴丛生。于是，作家也可以大量穿插花会题纸的游戏性诗句，既显才逞能，又赋予小说文辞儒雅的意味。所有这些特征，在一向以谨严朴实风格为特征的鹏喜创作中，是一种新的风格形态。这种新风格形态，既显露鹏喜的浪漫豪情，又为武汉的城市书写，新添了一种诗意传奇的书写风格，或城市风骚文化与文化诗性。在日渐写实日渐密匝细碎的武汉叙事文学中，《花会》式的欲望传奇风格，倒显出它别样的风情与风韵。

作为武汉城市叙事的欲望传奇，略感不足的是某些叙事关节的处理和安排。一是叙事“节点”的气力没有用足。如蔚居卿与张宗榜的明争暗斗的描写，远不及张宗榜与吴海笙争斗的惊心动魄。二是某些人物行动线索的描写，不够清晰与明快，如对划子过太婆，斗方名士郃先生、赵直言老师的行状命运的铺叙穿插不够明快。再如对张祖颐、植木樱子、张宗榜等人的大跨度、高含量的人生经历，都用一般叙述方式道出，而缺乏必要的直接描写。这势必损耗了他（她）们应有的性格冲击力与人生表演性。

注释：

[1][2]鹏喜．花会[M]．北京：作家出版社，2000．

[3]赵鑫珊，周玉明．人脑·人欲·都市[M]．上海：上海人民出版社，2000．

[4][5]鹏喜．花会[M]．北京：作家出版社，2000．

（原载《长江文艺》2003年第11期）

鹏喜与他的小说

◎鲍 风

我曾读过鹏喜的不少散文，感觉他的散文透着一股清香与质朴，有一种天然的单纯与本色。读鹏喜的小说，是自读他那被朋友们称道的《不远的木屋国》开始的，在这本小说中，我仍读到了他在创作散文时得到的感受，这种感受让我想到了老舍的小说，尤其是老舍早期的小说。小说中极大的生活信息量让人有些喘不过气来。这极大的生活信息量，使我们领受到鹏喜在从事小说创作以前的厚实的生活积累。这促使我想看看他其他的作品，于是要来了他创作于二十世纪八十年代末的长篇小说《河祭》。读完《河祭》，不知为什么，我更想到了老舍的小说，我开始重新思索"文学与生活"这样的老问题来。我原来总偏执地认为，文学是不应该还原给生活的，也是无法还原给生活的，然而读了鹏喜的小说，忆起读老舍小说的感受，我开始觉得，我过去的认识实在有些绝对。

鹏喜的小说最引人注目的特点便是对生活的可还原性。读鹏喜的小说，你无法

感到作者是在“创作”，他分明是在对生活的原生态作着实写实录，这种实写实录让我们看到了生活是什么样子。他的人物，他状写的事件，并无那种单纯的“目的”，我们看不到他的人物、他状写的事件是在为一个“小说主题”服务。如果说有些作家的作品主题是靠故事情节自身的张力得以表现，那么鹏喜的“小说主题”便是靠了生活本身得以呈现。我所以在谈鹏喜的“小说主题”时用“呈现”而不用“表现”这样的词，是因为故事情节对“小说主题”的“表现”有种主动的意味，而“呈现”则体现出一种不自觉状态。故事情节原本是对生活的“提纯”，它虽显得十分精致，但毕竟不是生活本身，也便失去了生活本身的丰富性与多义性，反显得有些单调。我想这也许是鹏喜有意地追求，所以他在小说写作上采用的是与生活原生态十分相宜的散文笔法。由此，我们可以得出这样的结论，用散文笔法以生活的原生态形式结构小说是鹏喜小说创作的一个显著特点。

正是因了对生活原生态的重视，使得鹏喜十分注意对民风民情的展示与描写。我个人十分看重他的《不远的木屋国》，我甚至认为这本小说比起目前获了许多大奖的一些小说有价值得多。在这部小说中，作者将武汉民风民俗写得活灵活现，尤其是对武汉边缘地带的居民刻画，显得栩栩如生。看来鹏喜在写这部小说前做了长时间的准备，甚至做了许多民俗采风，他对生活在最底层的市民的那种生活方式的把握，对武汉地方小吃的描写都显得非常逼真。在长篇小说《河祭》中作者写了生活于汉江上的船帮们的悲欢离合，写了这些船夫的辛酸命运。鹏喜不惜笔墨写了生活于汉水沿岸的人们的生活习惯与人生信仰及其宗教崇拜。这一切，使得鹏喜的小说具有特殊的民俗学和文化价值，为研究当地民俗与文化提供了形象化材料。

也许是生活于底层的平民的生活时时牵引着鹏喜的文学神经，他十分关注他们的人生命运，关注他们一生的遭际，关心他们的喜怒哀乐。然而，生活总是充满了各种各样的悲欢离合，人们总是在与各种异己的力量做斗争的过程中得以生存的，这些异己的力量便包括了阻碍人进步的思想观念、生活陋习等，所以人生原本便有一种超越命运的悲剧意识存在，这使得鹏喜的小说总带着一种浓厚的感伤情调。这种感伤的情调不仅体现于鹏喜所叙写的原生态式的生活本身，还体现在鹏喜小说中所表现的叙事立场与叙事视角及叙事情感。由于鹏喜的小说对生活的展示是全方位式的，他小说的感伤情调便渗透在他小说里生活场景的方方面面。

在许多圈内人士看来，鹏喜总是沉默不语，显得有些内秀，浑身透着一股忧郁，这是不是他小说之所以充满感伤情调的内在缘由？透过鹏喜小说的感伤情调，我们可以感受到小说的创作主题的那种深深的命运感，这种命运感既给小说的生活场景平添魅力，也极大地增强了小说自身的艺术张力。

（原载《长江日报》1998年6月3日）

作家鹏喜的汉江情结

◎楚 奇

鹏喜是以长篇小说《河祭》步入武汉文坛的。古人云："十年磨一剑"，而鹏喜说："我胸中磨剑石的凝成，十年复加十年矣。"这是说他的创作志向、生活体验和艺术追求。确实，他的创作准备很充分，以至于当年才三十多岁的他写出的小说，让很多读者猜测他是五十几岁的作者，扎实的功底使他的文字很老练。《河祭》是1986年秋动笔，1987年酷暑写出初稿，深秋定稿，翌年被编辑看中，于是1989年在《当代作家》第2期全文发表。武汉青年作家协会为《河祭》召集了作品讨论会，尔后几家报刊陆续选载、评价。当年10月，武汉市文联又通知他《河祭》参加评奖获得提名。年底，评委会票决通过，《河祭》获"武汉市优秀长篇小说奖"。接着长江文艺出版社出版了单行本。

鹏喜从事编辑职业二十多年来，编辑兼写作，又是写大部头，其中的辛苦与艰难，确实一言难尽。他白天当编辑，晚上写小说。他自己说："《河祭》是在不写憋得慌的情绪下，背抵妻儿卧榻，遮灯苦写出来的。”遮灯苦写这个“苦”字，唯有他自己体会最深。此后他写的另三部长篇小说和一部长篇报告文学，都是在相当苦的环境或心境下写出的。虽说“苦”也很令人回味，但我总觉得似乎生活对他太苛刻了。

帆与童年

《河祭》写的人与故事，都是鹏喜最熟悉的人和事。他经常说“我是船夫的儿子”“我是纤夫的子孙”。他的父亲、祖父、外祖父都是在汉江高桅帆船上与风浪搏斗了一辈子，他的外祖父就牺牲在汉江上。而他从幼年起，耳濡目染的又都是滔滔汉江和船夫血汗的故事。这些人和事他感受最深，在心中沉淀的时日太久，所以“不吐不快”。

鹏喜的祖籍在湖北汉川，祖辈背井离乡在汉江上漂泊，三代相传，父兄都是水手。鹏喜1955年夏天生于武汉市，他的童年也在风浪上颠簸过。读小学时，父母把他托付给住在汉江边的外祖母。那时父亲和祖父已是国营水运公司的水手，分别在两艘驳船上当水手。少年鹏喜每天放学后的黄昏就跑到江边去盼父亲或祖父驾船归来，他就有机会上船玩。逢周末或假期他还有机会随船航行，领略中流击水的快乐。可是父亲和祖父一年难得回家几次，他常常蹲在汉江边望眼欲穿，只看到那满江纷纷扬扬的帆影。他喜欢看帆影，看到白帆就好像见到了父亲，有一种温馨感。也许那时候就有文学的灵性在他胸中涌动了，他喜欢幻想，看着那一面面美丽的白帆，那么轻巧，轻飘飘地驭着船儿在碧波上滑翔。他想，那是用云彩一般的软缎织成的吧。外祖母却说："不哩，那是一只极大的江鹰，把它的翅膀插在船桅上变成了帆。"外祖母这句不太好理解的话他却能理解，发蒙读书前，他跟随母亲乘轮船去天兴洲农场，就曾看见一只盘旋着的江鹰飞落在航标灯上，舒展着雪白的羽翼，确实像一面漂亮的帆。外祖母讲的是一个在民间流传很久远的神话，在他心里愈加感到神秘了。

外祖母去世后的一个寒冷的冬天，鹏喜更加思念父亲，他便在草滩上捕捉了一只难得的白蝶，轻轻系在一根光滑的芦管上。那蝴蝶的翅膀上下翻飞，多么像被风吹动着的一鼓一张的白帆哪。这时接连传来了两个噩耗：一个是说他父亲在江上遇难（其实是误传，遇难的是船上另一水手）；一个是说当水手的祖父的船倾翻在汛期的江中，祖父是扒在船桅上扯着那已撕裂的帆布才保全了生命。祖父得救后打着赤膊回到家中，江水吞噬了祖父身边的一切。又是他日思夜想的这只白帆，它不仅承载着一家人的生计，危难时还救过祖父一命。他号啕大哭起来，哭他的父亲，哭他的祖父，也哭那被撕裂的樯帆。

鹏喜的母亲后来上岸去当了一名缝帆工，每天带着他去船厂上班。母亲在寒风砭骨的江滩上和一群女工推着一卷沉重的帆布滚铺开来，又扯起一捆捆粗硬的棕绳负在背上牵拉开去。

她们像男人一样，吭唷吭唷地扛着一根根碗口粗的楠竹，横插在帆布与棕绳之间，然后拧一把汗水，拿出铁棒棒似的大针，半跪半坐地在地上缝起来。

幼小的鹏喜紧偎着母亲，把冰凉的小手捂在母亲怀里，专注地看着母亲把锋利的针尖往额头的皱纹里划一道，从厚硬的帆布底下使劲戳上来，费力地把钢针拽出。密密匝匝的索线，在母亲那龇裂着口子的手上跳跃着，一针一线牢牢实实地缝缀起一张张皱皮似的帆布……

原来，帆是这样艰难缝成的，比起他心中那个美丽的彩帆梦，要黯然失色得多。他猛地想起外祖母的话，外祖母是哄骗他吗？他伤感地问母亲。母亲眯着眼，穿上一根索线，眼眶红红地说：外祖母没骗你，那只江鹰折断它的翅膀化作船帆后，就血淋淋地被江涛吞没了……鹏喜感动了，对江鹰充满了爱怜之情。每当他在江中看到这种鸟儿，看到它们在江面上自由地飞来飞去，他的心中就涌上来一种豪壮之气。是呀，它们纤巧而可爱，它们是汉江上的精灵，它们用自己的灵与肉铸造了那象征着生命与活力的船帆！

《河祭》与汉江

《河祭》是作家鹏喜的第一部长篇小说，共24万字，是部“大块头”。这是他的处女作，也是他的代表作。小说是以汉江为背景，写了在汉江上跑船的船工们的辛酸与苦斗。船工的生活他很熟悉，对长辈们那艰险又多难的生活经历更是铭心刻骨，所以写起汉江上船工们的生活如行云流水，非常流畅。加上他酝酿多年，对船工在汉水上的生态与心态，进行过梳理式的哲理思考，因而作品显得很厚实，很有力度，也很有分量。

鹏喜性格憨厚内向，从来都是满脸憨笑，沉默寡言的模样。因此他突然间有此“惊人之举”，令武汉文坛许多人都感到惊讶。此前只看到过他写的散文和报告文学，好像连小说都没发表过，在沉默中，他突然向人们奉献出这么一部充满阳刚之气的长篇，确实令人瞠目。作家董宏猷称之为“一鸣惊人”，诗人管用和惊呼：“武汉的文学青年中竟有此才，好一个闷头鸡子啄白米！”在文学这块土地上，鹏喜是位默默的耕耘者。

鹏喜创作《河祭》是在1986年。那时他的居住条件非常困难，为了解决住房问题，他舍弃了《武汉青年报》总编室主任的职位，到《当代农民》当编辑兼记者。新单位没有兑现承诺，只是给他安排了临时的住房。改革开放初期，社会发生了剧烈震荡，文学这块净土也不平静。很多人耐不住清贫与寂寞，都先后纷纷“下海”。那时热点很多，什么经商热、股票热、房地产热等，多得令人眼花缭乱。鹏喜却不改对文学的初衷，守得住清贫与寂寞，如同他笔下的汉水一样，默默而又执拗地奔向长江。

当然，他应朋友之邀，也去海南跑了一圈。但那只是意欲寻觅个更适合自我的生存环境。如果单为“淘金”，海南是诱惑不了他的。有人认为他有些书呆子气，他不以为然，他说：“若世人皆无书呆子气，学问也就做不出来。书呆子气正是文人的一种气节。”

鹏喜就是带着这种做学问的心态进入《河祭》的创作的。我曾读过他的一篇散文《掘宝吧，掘宝》。散文写得很有韵味，更有激情。散文是写他少年时代在湖里挖藕。文中说：“跳进湖中筑堰舀水，一锹锹地搜寻宝贝。双手十指像十把匕首，朝泥水中抠起一团泥，奋力地向坑沿上抛去，泥团溅到水里，溅得满脸都是泥巴。腿在泥水中冻麻木了，以至于忘记了支撑身体的双腿的存在，只顾抓起锋利的手锹，双手用力朝膝下泥水中挖去，猛然杀在左脚背上，污浊的泥水里顿时泛起一片血红，疼得伏下身去，颤抖着用手去摸水下的伤脚。谁知竟摸到了脚踝旁的一节大藕，忽然忘了痛，再伸手朝这节藕的四周一探，天哪！是母枝藕。从坑前延到坑后，还朝两边分叉许多藕枝来……宝藏就在你身边，只是看你如何掘它出来。掘宝吧，掘宝！”

现在，鹏喜开掘的不是他幼年时代的“藕矿”，而是汉水船夫们那充满传奇色彩的文学“富矿”。长长的江水流过兴衰的年月，也留下许许多多的故事给后人。一江两岸更是因汉水而变得丰富多彩，鹏喜在《河祭》中描绘的星沟镇和沙洋码头，使我联想到汉川的马口镇，它的形成就是得益于汉水。那里原来是只有几户人家的小村落，因为船工往来频繁，而后竟有了“小汉口”的美誉，成为汉水南岸颇负盛名的农副产品集散地。那里有粮行、萝行、药行、花行，还有很多茶馆书馆书社，不仅是商埠要地，文化气息也很浓。尤其那听不够的船歌，声腔里有一股浓郁的乡情。哗哗的桨声，伴着船工们粗犷的歌喉，交融着江水的一派繁荣与欢乐。《河祭》描绘的正是这样一幅幅汉江风情画。近年不断有学者考证说，汉水文明可能早于黄河文明，至少汉水与长江、黄河一样是中华祖先的摇篮之一。而《河祭》告诉读者：这汉水上的歌声是从很古远的地方漂流而来的，几时有汉水流动的历史，几时就产生这震撼心魄的歌声。辛勤的船民历尽艰辛，汗水滴进汉水，融为一体。船尾一盏灯，船头满天星，船工们凭借眼力分辨两岸航标，在旋涡里，在枯水的淤滩中，呼着祖先传唱的五声音价，为生存闯荡，豁出性命随水奔流……

这就是鹏喜从汉水深处开掘出的汉水文化。这汉水文化是古朴的、醇厚的，也是带着浓重的行帮色彩的。把这汉水文化浓缩在长篇小说《河祭》里，就能让人看到一条河的历史，一个船帮的兴衰与命运。小说里有很多故事情节很传神，其传神之处就在于写了许多带有封建色彩的船帮行规。如戳手指喝血酒交朋友，河盗深夜撕票，河帮祭河船，“茶碗阵”和水旱码头庙会等。当然最令人激动与难忘的，还是船夫们那种行侠仗义不惜自家性命的硬汉性格。这种性格的铸成，恰恰正是汉水文化的精髓，显示了巨大的生命活力。也正是这种硬汉性格横扫汉水上的海盗，使烧杀抢掠的东洋鬼子丧胆丢魂，使船夫有了向命运挑战的勇气和信心。

《河祭》的文学价值和美学价值在该书编者撰写的内容提要中有较准确的概括：汉江，漂泊着热血男儿的铮铮铁骨；流淌着纯情女子的缕缕香魂。与岸土隔离的痛苦、背井离乡的愁绪永远纠缠着他们。终日的饮酒漂泊度日，终日的躲避苟延残喘。最后，他们踏着硝烟顺江东下，功勋彪炳。然而。历经离乱终不悔，梦里依稀是家园。他们带着昔日的遗憾，今日的喜悦，顺着母河溯江而上，迷失在一派茫茫泽国……

作品写得悲壮、传奇，表现了一种赤裸裸的原始美，极富可读性和感染力，第一次从船帮角度展示了丰富的汉水文化。

作家与编辑

继《河祭》后，鹏喜又推出了三部长篇小说。《不远的木屋国》是继《河祭》出生后的第二部，写于1994年，1995年由武汉出版社出版。出版前他曾将其中一章《穷赌》独立成篇发表过。责任编辑说写得惊心动魄，他自己也认为这是他的呕心沥血之作。但出版后并没有受到广泛关注和重视。不过鹏喜并不气馁，他的创作心态很坦然。熟悉他的人说他太老实，不会宣传自己。有几个经商的朋友多次表示愿意出面策划，“炒作”他，他婉言谢绝了。他曾从《儒林外史》中借典，在另外一部小说中创作一联：“富贵若庭园，逢时来则有之；德望如林木，非素修弗能成。”他认为，文学创作是一种艺术追求，可以笨拙却不可亵渎。文学创作也是一种倾诉，写长篇小说是作者与自己心灵的坦诚对话，是一种如歌如泣的促膝长谈，好作品非素修弗能成。

《不远的木屋国》写得很沉重，他自己说写作过程中一颗揪紧的心，久久不能释然。这部长篇我没看过，不敢妄自评说。但他在文学上的艺术观与名利观，我还是非常赞成的。

《花会》是一部描写世态百相的小说。在旧社会，武汉民间曾有个流传甚广的“打花会”。因为利益驱动，很多市民都愿意参与这种猜谜博彩。开始纯属民间活动，但一经黑社会组织渗透，就变成了封建色彩极浓的赌博了。鹏喜涉足这个题材，地方志有关史料记载甚少，能查到材料也是东鳞西爪，语焉不详。为此鹏喜多次走访汉正街、花楼街和租界一带的老武汉人。可以说鹏喜为写这部长篇是下过不少力气的。

小说中有个“怡园”，据史料记载，这处名园堪与苏州园林媲美。怡园历经战乱兵燹和江河改道已经消失。鹏喜为强化实感，遍访武汉三镇寻古访古，却都未能如愿。一个偶然机缘，他来汉阳县（今蔡甸区）的纺织疗养院写作，那里杂草侵道，绿草茵茵，有一片接一片的桂林、橘林、桃林、梅林、竹林……真是野趣盎然，如入仙境。立即使他想到这里正是他日思夜想的“怡园”呀。于是他选择了这里，找到了“花会”的“故地”，也诞生了《花会》这本大书。

鹏喜写这部长篇的创作过程轻松自如，笔触随意性也很大。他之所以选择这个题材写书，也是有意锻炼自己的笔路，使之拓宽。“一只眼注视历史，另一只眼睛着力注视现实和未来”，这是他在《与杨书案先生一度谈》一文中所阐述的观点。这个观点反映在《花会》的写作过程中。是呀，《花会》的故事本是一段传奇，但其中人物的历史命运和当今社会的各种人物命运多么相似。如果把《花会》这段历史传奇与现实对应观察，不是也更有借鉴作用吗？鹏喜以严肃的态度对待这段历史，这就加强了《花会》的历史沉重感和惊世骇俗的现实意义。2003年9月29日《长江日报》对《花会》有较全面评论，这里不赘述。2002年10月，他又出版了他的第四部长篇小说《蚕人》。2003年，《蚕人》参加湖北文学奖评奖，得到评委们的认可，初评列为小组第一名。

鹏喜约在90年代初期调进武汉市文联《芳草》文学月刊当编辑。他很敬业，又很踏实，很受编辑同仁们的好评。他始终记得他外祖母说过的一句话：“能大能小是条龙，只大不小是条虫。”这是一句谚语，从幼年时代起，他就铭刻在心，终生受用。他笃信他从外祖母那里继承了一笔可观的精神财富。他说宠位不足以尊我，卑贱不足以卑己，只有在生活、工作中，才能证明自己是一条龙还是一条虫，是龙形的虫还是虫形的龙。作为一个作家型编辑，他就是以这种心态来承担为别人做嫁衣的编辑工作的。

二十世纪九十年代，纯文学期刊销售量普遍下跌，有的刊物下跌到崩溃的边缘，编辑们承受的压力很大。怎么办？时代大潮在汹涌向前，文学期刊必须跟上时代，求生存求发展。鹏喜暗忖，必须推出几篇鲜活而又耐嚼的作品，去吸引读者。他和编辑同仁们从来稿中发现《枭》和《火祭》这两篇小说。小说是描写抗战的老题材，其叙述方式、语言风格、结构铺陈都是老的程式，鹏喜却觉得在人物性格刻画上有新意。小说始终坚持着“以人为本” 的写法，并从人物的心底显示出人物性格的多样化。于是作品中的“匪首”就不再仅仅是残暴冷酷或恶霸地主的化身，同时也把人的善良、正义、理智这一面集于一身。鹏喜认为作者将这样一个复杂人物置于一致抗日、安民剿匪、剪除异己的历史背景下，人物塑造显得独到而别具一格，使得这个人物、这个故事逼真而新鲜。鹏喜曾为此撰写文章《从创作深度中开掘新意》。文中说，作品出新的路子多种多样，最宜以老练扎实的艺术功底去开掘题材深度。深中取新，才能既新鲜而又耐嚼。

鹏喜读过很多革命历史题材的作品，有的作品给他留下的印象很深，但他同时又感到有的作品是用“神化”手法去虚构或夸大人物，蒙骗了读者。真实是文学的灵魂，明明知道这种

“敬神”写法不真实，是亵渎历史，但很多作家违心而为之，读者也违心而读之。

“渎神”的说法发端于王蒙，鹏喜敏锐地感到了这种说法很贴切，很有积极意义。当时“渎神”还是带有突破性的新理念，用这个新理念再去审视作者、审视作品就会大不一样。作家郑远志先生写过很多篇革命历史题材的作品，长期被人们神化了的贺龙在他的笔下返璞归真，被完全人性化了。他以第一手翔实资料勇敢地写他眼中的历史真相，他讴歌了“跟着贺龙闹革命，红旗飘飘打胜仗”的英雄气概，也倾诉了贺龙屡遭党内明枪暗箭伤害的悲壮之情。在毛主席诗词中“直上重霄九”的柳直荀烈士，在他的笔下是被“革命同志”葬身地狱的。历史真相如此，当贺龙得知柳直荀被党内机会主义者杀害的凶讯策马赶去时，看到的已是遍地头颅和鲜血，与柳直荀同时罹难的革命烈士竟达100多人。鹏喜说：记得少年时吟咏毛泽东诗词“我失骄杨君失柳……”时，回回热泪盈眶。教科书上只说柳直荀牺牲了，对牺牲原因和经过却是讳莫如深。可以说，柳直荀的墓园是郑远志“写”出来的。作者的无畏和诚实更能赢得编辑和读者的信赖。鹏喜和编辑们当年有勇气推介这样的“渎神”作品，也是有胆有识。这种胆识来自编辑的使命感，也来自鹏喜对真实的追求。

作为文学编辑，鹏喜密切关注全国文坛走向。他注意到，新时期文学从最初的伤痕文学到反思文学、寻根文学，到二十世纪九十年代初已进入多元时代。文坛旗号翻新各领风骚一两年，这未必是文学的正确方向。他发现有思想有实力的作家都注意发掘当地独特的地域文化。他认为这才是文学的根基所在。号称“湘军”的湖南作家群，从二十世纪三十年代的沈从文到五十年代的周立波，直至叶蔚林等，一茬接一茬，在乡土文学创作中成绩显著。京派作家从文学大师老舍的一批名作开始，到新时期的《钟鼓楼》《那五》《夕阳街》等，都是脍炙人口的作品。而贾平凹的《商州》刮起的“西北风”更是强劲……鹏喜说：“近年来出现汉味小说，就是武汉特色十足的地域文化小说。作家方方、池莉的小说，她们发掘的正是这个南北交界城市特别的地域文化，都从写普通市民这个视野开阔的角度。生动而深刻地反映武汉市民群众的生存状态，以及传统文化和社会风情，从而引起文坛的注目。杜为政写《出贴》，其路数和风格与《风景》和《烦恼人生》迥异，却也是地道的汉味十足的地域文化小说。”《芳草》的《花桥茶座》栏目中，鹏喜撰文为汉味小说的兴起大声疾呼呐喊助威。

鹏喜任《芳草》主编后，广泛争取企业界支持，创设了一年一度的“芳草文学奖”。先后推出了《江汉作家群》《行走文学》《立场·视野》《文学批评与对话》《文坛六人行》等栏目。这些特色栏目较有影响，作品转载率在地方文学刊物中一直居于领先地位。近年又开辟了《三楚一境》《闲聊大武汉》栏目，使《芳草》的地方色彩更加浓厚。去年又推出了

《芳草》电子版，开辟了网上投稿园地，使读者、作者通过这些渠道与编者直接对话，更贴近生活，更贴近人民群众。

翻阅二十世纪九十年代以来的《芳草》，可见鹏喜是发稿量最大的编辑。他先是任编辑室主任，1996年起，先后任副主编、执行副主编、执行主编。世纪之交，文学刊物处境艰难之时，鹏喜心力交瘁，朋友们说他是个“苦难”的主编。

散文与传记

《冰上猎与舞》是鹏喜的一部散文集，1993年由中国文联出版社出版。鹏喜是我写过的文人中年纪最小的，只有49岁。但他的经历却很坎坷，可谓是酸甜苦辣麻五味俱全。他当过知青，扛过锄头；当过工人，抡过大锤；还当过记者，走南闯北闯荡天涯。苦吟苦写成了作家，冥思苦坐又当了编辑。人世间的磨难他都有亲身体验，也正是这些丰富而多彩的人生况味，使他的散文写得更真实，读起来让人感到亲切。

这本散文集选入了他十多年来散见于各报刊的散文。把这些文章连缀起来，很像是一部鹏喜的传记。

书中有3篇文章给我印象最深。它们是《能大能小是条龙》《可以和圣哲坐而论道》和《舐犊》。《能大能小是条龙》立意于一句谚语，前文已述，深藏着人生哲理，鹏喜把它作为人生信条，才理直气壮地走到今天。

《可以和圣哲坐而论道》，这是他评述长篇历史小说作家杨书案写作心路的散文。散文哲理性很强，很像两位理论家畅述胸怀坐而论道。文中没有景物及环境的描写与渲染，而只有浓浓的学术气氛，哲学理念时时如春风扑面。

在《舐犊》中鹏喜将母牛舐犊与自身的父子之情联想在一起。他在文中说："自从见了牛犊学耕之后，我时常萦绕于怀的，不再仅仅是如何舔舐我的'牛犊'。独生子自然是我的宝贝，但我得了个儿子于芸芸众生的社会，不过是沧海中多了一滴水。若希冀儿子在纷杂拥挤的人世自立，父亲重要责任不仅仅是做孺子牛。我盼子成牛，我不望子成龙……"

读到这儿很激动，鹏喜对人生想得很深很透，龙在天上，高高在上；而牛则在地里耕作，时时都在用自己的汗水为人类做贡献！

当然，《冰上猎与舞》这本"传记"记录的是10年前鹏喜的人生经历，更多反映的是鹏喜青少年时期的内心世界。10年来中国社会发生了巨大的变化，人届中年的鹏喜阅历深了，思考人生也更深刻、全面一些。鹏喜将近10年编辑工作之余创作的散文、随笔再出版一部散文集《世象杂记》，相当于是《冰上猎与舞》的"下集"。两部散文集，好比是汉水之子鹏喜的人生传记。

（原载《武汉文史资料》2003年第11期）

读鹏喜的长篇小说《蚕人》

◎金胜利

应该说，这是第一次接触本埠作家鹏喜的作品，以前虽然也曾听过见过这个名字，那都是在每期《芳草》的编辑一栏中碰到，知道他是这本杂志的当家人，却未曾想到他还是一位作家。说起来真是让人惭愧，只能嘲笑自己孤陋寡闻。看到小说《蚕人》的第一眼我就涌动着阅读的欲望，吸引我的倒不是他的内容，而是那张黑黑的封皮和怪异的名字，肃杀冷漠，压抑沉重，让人觉得心里头沉甸甸的，进而想尝尝埋藏在封皮和书名下的文字会是一种怎样的味道。接着，我就毫不犹豫地翻开了它。再接着，我也仿佛蚕儿吞噬桑叶一样，一页一页蚕食掉这本小说的每一寸角落，直到被作品中的人物和情节缠绕得密不透风，难以喘息，才感到该是戳破那厚厚的蚕茧，化蛹为蝶的时候，是时候了。

一个作家说过，一座城市就是一个巨大的火柴盒，每个人都是城市里的一根火柴，寂寞地等待着被擦燃，闪动情感的火焰，发出生命的光彩，最终成为人们记忆里的一个亮点。这段对城市与人的关系的解说着实到位，他形象比画出都市人的生活状态和日常心态，而且还让人看到希望——火柴终会发出生命的光彩，成为人们记忆中的一个亮点。对于都市人的生存状态，在小说《蚕人》里有另一番不同的表达。在作品的尾声中，作者借助一个叫陈明的中年男人表达了他对城市的理解："我们都难逃像蚕一样生活的定数。开始呢，大家都是拼命地、机械地吃着桑叶，然后一点点吐出来吐成丝，一丝一缕经营着安乐窝，不知不觉中作茧自缚。及至发觉了也无可奈何，麻木成蛹了。欧阳（小说主人公）不过比我们早些察觉，不甘自囚，咬破了蚕壳。他想化蛹为蝶，殊不知，真到了振翅扑腾的时候，往往只是一种徒劳的挣扎……"从这段文字中不难读出现代人的无奈，这种无奈也是属于作者的，在这种人生无奈中我们看不到丝毫亮点，没有让人燃烧的机会，作者已经将放置在未来虚幻的希望抽掉，眼睁睁看着笔下的人物一点点消耗完自己的生命。这是一种人生的宿命。但是，作者似乎又不甘这种宿命，偏偏怂恿一个安稳的知识分子下海经商，投入社会的战场孤注一掷，奋力一搏，期望在他的身上找到"黑暗王国中的一线光明"。就这样，故事在夜幕下悄悄地展开。

还是先介绍一下这篇作品的故事情节。事情发生的地点是在一个弥漫着浓厚商业气息的江城，这个城市具有悠久的经商历史，它也盛产商人，只不过不是那些可以头戴红顶、出入朝堂的大商人，只是一些靠买卖日用杂货起家的小商小贩。小格局的经济环境造就小市民，我们的主人公欧阳就是在这样一种环境中开始他的人生冒险。按理说，欧阳的工作环境不错，他是一所大型医院的主任医师，有稳定的收入，有受人仰慕的地位，家里还有一位貌美如花、勤俭持家的太太，一个成功男人可以拥有的他都拥有，动荡的生活根本与他无关。但是，当他趁着夜幕来到狂欢的泰国，目睹着这个世外桃源声色犬马的生活，眼见着身边的富豪大款挥金如土，他的心情无法平静下来。这还不是促使他放弃平静生活投身商海的决定性因素，只有当他在夜总会因为“穷困”而付不足小费，遭遇心仪或者不心仪小姐的冷落白眼时，他才觉得自己的自尊心受到强烈的伤害，应该用钱来买回尊严和人格，而且只有用钱，于是他便选择了冒险的金钱之旅。在没有告知妻子白林的情况下离家出走，独自一人制售假药，积累巨额原始资本。瞬间巨富的欧阳毕竟见识尚浅，掉进校友马志军设置的酒店经营陷阱，成为商业讹诈的替罪羔羊，身败名裂，不名一文，他又重新回到生活的起点。但是这一次，他在经济上回到了起点，精神上回归的那扇门他自己关闭了，他只好回到商界，做了一名小小的股票经纪人。从受人景仰的医生，堕落为朝不保夕的股民，其实职业本身没有优劣高低之分，欧阳的历险显示了一名知识分子面对稳定如水生活所做的一次尝试，哪怕这种尝试无法挽回，一步步滑向生活的边缘，但我们不得不佩服尝试者的勇气和胆识，况且，后一种生活未必就不是欧阳想过的生活。

我很赞同小说代序中的推荐："这是一篇令编者心动的作品。令编者心动的是小说中生活的真实与艺术的真实，作者剥笋般揭示出的人物命运是不容置疑的。尤其是文气通达，能给人们以阅读的快感。"虽然我阅读的时候总被一些琐事打断，但每次捧起书本都能找到感觉，被其中的情节所吸引，被人物的命运所牵挂，因此我毋宁称这本小说为畅销小说，至少我是作为畅销小说来阅读的。从前面的评价中，也就带出了这本小说的几个特点：朴实的思考，紧凑的情节和粗放的语言。

好像是昆德拉说过："每一部优秀的小说都会告诉你世界不是你想象的那个样子。"这句话的潜台词应该是小说家会告诉世界是什么样子，小说里面潜藏着对于社会和人生的思考，至少优秀的小说是这样。长久以来，我就养成在阅读小说时思考的习惯，希冀可以从中悟出人生的点点滴滴。当我读《蚕人》时，依然如此，透过小说，确实读到了作家散布在字里行间的哲理思考和人生感慨。那么，这篇小说想告诉读者一个什么道理呢？或者说展示作家的怎样的一种思考呢？我觉得应该是作家对于生命冲动的思考，也就是思考人们究竟为什么活着，该怎么活着。小说中有一个"夜半歌声"的场景，欧阳喜欢的坐台小姐伍豪在夜总会轻歌曼语不断询问黑压压一片听众："你是谁？为了谁？你是谁？为了谁……"这首软绵绵的情歌看似无病呻吟愉悦观众，骨子里该是作家的夫子之道。小说中几位人物便是作家对于思考的试验品。欧阳是作家着力塑造的主要人物，在他身上花费的笔墨最多。欧阳出身贫寒，通过读书摆脱了他所出身的阶层，在繁华的大都市找到了栖息之地，有份不错的工作，娶了个贤惠的太太。可是眼前的一切无法抚平他经历沧桑的脆弱心灵和掺杂着强烈自卑的自尊，那种出人头地的冲动在参加工作之初就在他的血管中跳跃，只不过出于家庭稳定的考虑，也因为没有机会而被冷冻起来。当他在异国他乡经历了因为手头没钱的尴尬之旅，当他在夜总会因为消费不够而遭到小姐羞辱，他的自尊心告诉他必须做点什么。当他的同事周医生找他合伙做生意时，他不顾妻子白林的反对，铤而走险制售假药，终于在九个月内成为百万富翁。他便拿着大把大把的钱向曾伤害过他的人复仇，但是这种复仇没有取得应有的效果，“他感到花钱并不潇洒”，一时之间感到迷茫无措，不知生活该驶向何方。他依然只是不停地赚钱，在这个过程中妻子无法和他在感情上沟通，离他而去，而他自己也在朋友设下的圈套中越陷越深，最终逃不过他人的阴谋和算计，破产抵债，一无所有。在这个物欲横流的时代，欧阳的冒险究竟是为了什么，作为最了解他心性和秉志的白林有精确的揭示，“欧阳挣钱并无具体目的，毋宁说他的目的是衡量自我价值，是追求一种理想的身份和地位”。人生的困惑就出在这，究竟什么样的生活算作有身份有地位的生活？仅仅只有欧阳追求的那种纸醉金迷的生活才算是有地位的生活吗？为了回答这个问题，作家设置了与欧阳心心相印的亲人，他们在感情上很容易取得共识，可是在对待金钱的态度上，两人有着天壤之别，白林不像欧阳那样热衷于金钱，对于眼前的生活她很满意，做自己喜欢的事，和亲人在一起过日子，拥有一定的社会地位。所以她的生活或是平静如水的，没有掀起大风大浪，也过得踏踏实实。当欧阳和马志军身无分文，过着乞丐般生活的时候，她依然可以过着自己平静但不富裕的生活。毫无疑问，这是作家应该赞扬的生活态度，但是白林这个人物形象刻画得不够生动丰满，概念化的痕迹很重，不知是否是作者思考上的矛盾导致在塑造这个人物时缩手缩脚放不开？

除了从故事中可以读到生活的哲理外，还会发现作家是个编织故事的高手。小说情节紧凑，整个故事发生在大约一年的时间内，缘起于校友聚会，剧终于校友聚会，一年的行踪就像圆的轨迹，从起点回到终点，象征着生活的重复和无奈。只是发生的事无法挽回，年年岁岁花相似，岁岁年年人不同。在此就不饶舌，还是摘录作品几个标题来展示情节的演进，《叔父绝症》《尴尬之旅》《声色诱惑》《逃税风波》《反炒鱿鱼》《夫君何去》《人生如蚕》， 一环紧扣一环，手法圆熟，高潮迭起。

《蚕人》的另一个亮点是粗放的语言。或许作者本来就无意语言的锤打，任凭生活的语流喷涌而出，这样反而成全了小说，造成内容与形式的和谐。小说采用了一些武汉方言，散发着浓浓的汉味，例如“知识分子当然要比打工的强几分钱”“三不知遇见一两个”“我们一个晚上有回把上台的机会就不错了”等，都是地地道道的武汉方言土语，读来让人备感亲切，就像那遍布这个城市大街小巷的臭干子，风味十足，味道好极了。

（原载《当代文学研究》第16辑，2004年）

序《白云苍狗》

◎刘恪

人生的历史是一条长长的纽带，那些特定的时空关系组成了他的节点，当历史如长江流水一样向东奔走而去，留下的便只有：子立长川叹逝波。我于八十年代初在湖北生活过五年，如今在北京悄然回忆起那段岁月，便如同剪刀裁断了那一节胶片，所有人都随着风云变幻的年代没有了踪迹，唯一留下线索而且还常保持联系的便只有鹏喜了。或者说偌大一个湖北也只有鹏喜一个人还看重我。这让我唏嘘再三，感叹再三。

这几天断断续续在阳台上读鹏喜的散文，夏日的阳光白炽凌厉地扎下来，那些文字便清晰地在阳光下飞翔，他把阳光裁划为一个个地域性风景。横亘连绵的大别山风韵，湘西凤凰的猜想，行走于拉萨的迹痕处处，包括黄龙滩的无限遐想。并且这片光线还连接为一片世界性风景。从武汉出发感叹于香港的社会和澳门的赌场，行走于日本的新干线赞扬它的精致与干净。一片东南亚的景象，新马泰、菲律宾、越南，这些文字是阳光，是火，是光线，是溶液，是他内心的情状，“火是液态，火使水一般流动……奔流的火，（是）燃烧的水，是水与火高度的融合。”鹏喜的风景文字是跳荡的，是奔流的，有着火一样热情，有着阳光一样炽烈。这些文字最大特点是节奏的，朴素的，描写中一种动态的流畅，我们注意一下，每一个地域风光都是一种精致的截取，往往捕捉的是风物中的精华，大别山以水、药、山、峰带人物；八大山人只写佛缘；黄龙滩暗写一种现代性；凤凰则勾勒文化原形；拉萨是一座天上的圣城；泰国有一种古怪的拼贴，仁慈与色情；吉隆坡的热带风光，“真实的人间风景在街道闾巷。”马尼拉最富有与最贫穷，最都市又最田园奇怪的两极并置于火山脚下……鹏喜是感性的印象式抓住地域性风景最耀眼的元素，这是一种惊人的审美直觉表述，绝不拖泥带水，以短句跳跃方式，描写中叙事，细节的精彩往往暗藏在感官视觉的流动之中，他的方法是一种视觉采访，然后于内心的自我设问与反思。因而他的观点是一种于繁星之中，看其闪烁的亮点与语境的对比反衬分析，许多启示含义都在其看客的内心之中，于是我有了一个新名词：视觉访谈录式的游记写法。

最近有一本新书叫《世纪旅人》，把旅行作为一种视角，一种表现方法。通常我们把旅行作为一种空间概念，作为视角我们也可以推定为时间概念。一般游记没有强化时空体，仅是“我”观察对象。鹏喜的这本书也是这样。作为游记是一种传统体裁，今天很多人采用这种方法写小说，如法国的探险小说，它的好处在强调一种视觉展示过程。空间上说没问题，可时间旅行就是问题了。因为历史已经流逝，我们要并行时间与空间便要采用特殊的方法，将历史与现实的固态性质，让历史人物展示其自身的观看。安德烈斯·纽曼便采用这种方法。或者交混于古代人与现代人的各种身份。但我认为不能玩当下写作中那种笨拙的穿越。我的意思在说，鹏喜可以把游记的文体融入一些现代手法，这个建议在于把我们游记所看的一些即时性感受观点，去意识形态化，于是另一个含义出来了。何处是自我？何处是我家？旅行视角是一系列自我和历史的追问。我行——寻找异土——寻找故乡。旅人不仅仅是我，他者也是旅人，“远行”“停留”“回归”一种生活的思辨态度作为存在的本体。

鹏喜的另一部分散文是写人的，何祚欢、李绍六和李绍正、胡培卿、刘爱平、任蒙等均是一些人物素描，见情见性。我喜欢的是他写《在野的兄弟》与《渡尽劫波本我在》。这是一种真性情文章，世事沧桑，无尽感慨，这种文章里含有忧郁的情调，因而又是忧郁美学的。写兄弟是在命运的轮盘看小人物的喜怒哀乐。写自我，是一种生与死的历练，一个人遭逢这样的生命考验，他悟透了，看开了。见人见事一眼便可以到底，功名利禄真的就是一堆浮云。鹏喜看世人他会经常偷着笑，某人抢权的嘴脸，某人充大名人行径，某人对钱财贪婪，某人蝇营狗苟自私自利，都不过汉口滩码头的世俗市侩，只要从名利场一退休便什么都不是了。正因看透了世事人情，鹏喜很快乐、很自由，特别在他执掌的那一块文坛，看透了太多的人。他的“编辑人语”写得洒脱自由，印象漫评，这些小文章的价值，它将历史文坛立此存照。鹏喜为文和他的性格十分吻合，急切、性情、担当，有话就说，说完拉倒。因而他的文字流畅凝练，快捷跳跃，有一种难以停下来的感觉。这倒挺适合于行走的文学。

但是，也带来文章的短处：少了从容舒缓。可是又不能一概而论，他的《大别山写意》又是从容舒缓的。他许多描写的文字又是从容舒缓的。我们说的从容舒缓暗含的指向，是文章中那些人物与景物最具个性特点的部分，要将它的一些典型细节详尽地、延缓地表现出来。往往在这些细节的深度书写能看到人性与事物最本质的部分。用行话说我们不仅仅停留在感受的层面，而应该深入到体验，在反思中有所悟，启示一些人性深度，文章写到这样火候了，对鹏喜来说是很容易的。也许这些深层的东西鹏喜心里早有了，只是不便于文字上落实到纸面。有十年了，我每次都参加鹏喜组织的笔会，我们都会有一些简单的交流，谈论那些人与事实质性的东西。但是他是无奈的，那种内心的纠结耗损了他大部分精力，所以我也常劝他，自己好好地创作一些作品。现在好了，他终于可以畅心畅意于文学的创作了。

很少有人能像鹏喜那样一辈子为一份刊物殚精竭虑的。这种执着于事业不仅仅是一份杂志内文的要求，还在于他为杂志为编辑部谋出路，九十年代后我帮他组织过许多作家小辑，每次他都极为认真，但又不好过分催我。有时他很智慧地说，下期我给你留了个头条。这就暗示我们为《芳草》写作不能马虎。我就为他写过影响很好的《卡布其诺》《博物馆》等小说。二十多年来我内心一直保持着对他的尊敬，他只要去了岳阳我都是全程陪同的，同时要求我那些老乡好好地照顾他。我们之间并没打得火热，外人都看不到我们有多的交流。可是我们心是相通的，也许我们很久不见，可再见时几句话便把距离拉近，连我的同学都不理解为什么鹏喜搞活动每次都拉上刘恪。理解与情谊是关键，同时我为人极为低调，不给别人添麻烦，用最真诚方式待人。显然，鹏喜作为编辑，更愿意与这样的作家打交道。同时他自己也是著述甚丰的作家，面对作家他有底气。

文如其人，我相信鹏喜像相信自己一样，他是我永远的朋友。

2014.8.28　北京石景山

（原载《芳草》经典阅读版，2014年）

文学来日方长

◎听风吟

我也要离开《芳草》了，临走不免思绪万千，想与钱老师笔谈一番。

时光荏苒，岁月如梭，我有幸从2008年加入芳草杂志社担任文学编辑迄今已近十三年，记得面试时您对我说：要想从一个报纸新闻编辑转型成为一个期刊文学编辑，除了具备扎实的文字功底和对文学的领悟力，更重要的一点就是对这份工作的态度。对，就是态度。这么多年，我从您身上看到了很多很多的态度，我也从您身上学到了很多很多的态度。

您从来都是第一个到岗最后一个离开的人，哪怕送审稿件再多您工作再忙，不会超过三天，终审意见就会返回到编辑们手上。记得那是2009年我刚到杂志社不到半年，一天中午，我从一堆信件中发现了一个自由来稿，是一位北京的作者寄来的，小说名为《秋深柳叶黄》，他是第一次给《芳草》投稿，我一口气读完，立即填写稿笺送审，没想到，当天下班回家的路上，就接到了您的电话，您问我稿子是从哪里来的？然后告诉我，这个小说不错，可以发头条。我当时欣喜不已，不到三个小时啊，二审三审全部审核并通过，这是多么高的效率！这是对我多么大的鼓励！

估计钱老师没想到，我至今仍保留着那些年所有没被您通过的小说稿笺，厚厚的一沓，在那些泛黄发脆的纸上，密密麻麻地写着您对该小说的评价，特别是不足之处和修改意见，您都会一一列举说明，从不惜笔墨，有时一页写不下，您还会写到反面，甚至再贴半页纸接着写，我每次都要仔细研读几遍，并把您的意见及时反馈给作者。我知道，您是在通过这种方式来培养和提高编辑们对小说的解读能力和选稿水平，同时也帮助作者提高了写作水平。您常对我们说，你们有不同意见，欢迎来辩论。在您的鼓励下，我有好几次拿着您没有通过的稿子去找您，就是想听听您讲讲故事的结构，讲讲小说对人性的剖析，讲讲情节的逻辑性，讲讲小说的文学性和思想价值……

随着时代的变化市场的变化和读者需求的变化，《芳草》在您手上二十多年经历过几次改版，为了“好看”这两个字，您为这本刊物殚精竭虑操碎了心，除了在栏目内容和版式封面上作了很多调整，您还始终坚守了一个原则，那就是“不看你是不是名家，只看作品，一切靠作品说话”，在这样一个宗旨之下，一大批名不见经传的作者涌现出来，有很多本省外省小地方的作者通过在《芳草》上发表作品而改变了自己的命运，逐步成长为当地文坛的主力军，甚至走上了领导岗位，他们常常挂在嘴边上的话就是：《芳草》是我们的娘家！这是对您最大的感恩！

为了扶持一些地方的作者，您每年都会组织几次笔会，深入到地方的文联、作协，给当地的文学爱好者开办讲座，指导他们写作，向他们约稿，再将他们的优秀稿件结集出版，其中包括《深圳青春文学专号》《湖南岳阳作家专号》《湖北恩施作品专号》《武汉城市圈作家专号》等等，此举极大地推动了当地的文学事业发展。

“办刊物就是为了让人看的，办得好看才会有人掏钱买。”您在扩大刊物的订阅和零售上大费周章，跑邮局，跑二级市场，甚至直接下到各地文联作协推销我们的刊物，为了让人家多订十本二十本，您没少磨破嘴皮跑断腿，因为您就一个念头：多卖一本都是好的！于是，在传统媒体逐步消退新媒体自媒体逐步兴盛的大势所趋下，《芳草》小说月刊每年的销量却在逐年递增。

说起来钱老师是2015年离开《芳草》，2016年退休的，可是您哪里像真正退休的人呢！您受聘武昌理工学院当教授已经快六年了，带出了几届毕业生，为文学队伍输送了数百名新生的血液；您受邀担任《参花》杂志“江汉作家群”栏目主编，培养和扶持了一大批作者；您创建了一个微信群，聚集了数十位来自四面八方志同道合的群友，关注时事关注民生交流文学传播思想；对了，还有您的微信公众号，承蒙您瞧得起，我很荣幸成为“梓山湖书院”公号的编辑，短短几个月，我们就拥有了数百名粉丝！您工作那么忙还笔耕不辍，写出了数百万字的作品，您有那么大的影响力和凝聚力，走到哪里，都能够吸引众多的追随者……

那天一大早，我赶去市中心医院体检。从我刷码走进医院起，就开始有点激动，因为那里曾是李文亮医生，还有梅医生、江医生、朱医生、刘医生和胡医生他们生前工作的医院，所以我走过每一条小路、每一层楼梯，都曾有过他们的足迹。我不禁想起您写过的一篇文章《城外藩篱》里那段最打动我的文字：

……是夜，余未燃烛，在后院竖立一丈余长竹竿，竿头挂一盏小马灯。余乃船夫和纤夫子孙，水手称马灯谓“气死风”，无论月黑风高、水深浪急，船桅之上，“气死风”永不熄灭。余亦未吹哨，只肃立仰望撕开夜幕中的一抹光亮，于万籁俱寂中聆听，小院草木中窸窸窣窣，那是已然惊蛰之虫子们的微妙声音，仿佛哨音……

我一直相信，没有文学，我们便不可能了解爱的意义。那盏悬挂在竹竿上的马灯，至今依然悬挂在我的心中，永不熄灭。

虽然今后我不再是《芳草》的文学编辑了，但我不会离开文学，就像您始终未离开文学一样，我会坚持阅读，并接受您的建议多多创作。钱老师，如同《芳草》的老同事一直在保持联络来日方长一样，我相信文学也来日方长。

（原载《参花》2021年第6期）

相识三十年

◎李正武

与鹏喜相识，已三十余年。1988年夏天，我在所供职的长江文艺出版社《当代作家》编辑部值班（那是改革开放初期，我们有七八家出版社，各单位都在扩充人员，办公用房紧张，只能在出版社旁边租房办公）。6月的一个周末，鹏喜拎着他的长篇小说初稿（手写稿），来到编辑部，我接待了他，按程序作了自由来稿登记，留了联络方式，就此别过。

他离开后，我翻检了书稿，觉得写得不错，周一上班后给编辑部领导做了汇报，觉得此作题材独特，作者功底深厚，文字干净，似可采用。当时我们《当代作家》，定位于大型小说双月刊，每期刊发一部长篇小说，另刊发少量中短篇小说，兼及对本刊所刊发作品的评论。该刊以刊发中篇小说《风暴》而开中国当代新写实主义先河，重名家而不唯名家。鹏喜当时名气有一些，不是很大，但我把他送来的长篇小说处女作《河祭》按既定程序送审了，获得二、三审高度评价，于当年刊发在《当代作家》杂志上，第二年为他出版单行本，鹏喜以此作于1989年12月，获武汉市首届优秀长篇小说奖，我亦获湖北省出版局优秀编辑奖，我所撰写的书评文章《漂泊：生命的感悟》同时获省局首届优秀鄂版图书评论奖。三十多年后忆及此事，不禁由衷感慨，一本书成就两个人：他抬升了自己的创作实力，我夯实了自己的职业基础，与才子交，乃一生的福分。

鹏喜极认真，无论对人对事。二十世纪末有一次，他介绍一个朋友出书，是补贴出版，我给他介绍了一个中介，到北京一家出版社出版（作者要求是国家级出版社），他不放心，陪着他的朋友到北京，见到我引荐的中介，到出版社核实清楚以后才返汉。那一时期，我刊和他负责的《芳草》杂志及湖北省作协的《长江文艺》杂志，经常开展同行间的联谊，当轮到他们刊社做东时，他事必躬亲，每一件事情、每一个细节都落实到位，生怕得罪或怠慢同行。二十世纪九十年代某一年，我陪他到湖南岳阳组稿，回汉时在火车站等车（那时火车经常晚点），在站台上，我们摊开一份报纸，用扑克牌两人玩“关三家”，说好一张牌计1分，半个小时我赢他50多分，他不服气，我说在游戏这一方面，你不是我对手，今天就到此为止，下次再陪你玩，他悻悻然。

后来我们的见面，都是以聚会喝酒开始的，鹏喜不善饮，胃被切除过三分之二，但他特能喝啤酒和“花雕”（绍兴黄酒），他每每想把我弄醉，在白酒上是达不成目标的，但在

“花雕”上他抓住机会击败了我一回。那是1996年冬天，一个周末，在杨汉湖一个简易棚子里，进餐的“房子”是用编织袋布围着的，里面烧着炭火，我们边吃羊肉边喝加热的“花雕”，最后，以我之酩酊收场。

鹏喜喜静。他现在搬到武汉与咸宁相交的梓山湖一隅，围着花园，辟有菜园，养着小猫小狗，抚花弄草，读书耕种，自得一乐，真乃南山一放翁焉。他偏此一隅，读圣贤书，著精妙文，并有最新《梓山湖笔记》系列之良硕收成，心诚羡之。

鹏喜心善而真诚。因为《河祭》的缘故，我与鹏喜成了不是兄弟、胜似兄弟的好友。记得是我们相识后的第4年，即1993年，那年除夕，我的女儿4岁，我准备带孩子回老家过春节，但我的内人那时在医院上班，三班倒，过年时轮到她上夜班，下夜班后可以休息两天，她又连轴加了一个连班（从早上到中午两点），又可以多休息两天。我和小孩就在家等内人回家，再坐长途汽车回老家。也就是这一天早上，鹏喜打电话问我，回老家没有，我说没有，等我内人回家后再坐长途车回去。鹏喜就说，那你带小孩来我家，先吃一餐再说。大过年的，何必在家等着，反正我们在做年饭。于是，我就带着小孩去了。这一天是除夕，万家团圆的日子，鹏喜请了我，我就毫不客气地带着小孩去了。那时，他还是《芳草》杂志的普通编辑，住在原单位的一套40平方米左右的小居室里。

鹏喜后来名气日高，创作成就斐然。他由《芳草》文学月刊的编辑到主编，进而做了武汉作家协会副主席、武汉市文联专业作家，其著作等身，是有目共睹的事实，溢美之词自不必言，我只能望其项背。但有一点是没有改变的，那就是，我们的交往淡如清水、交谊醇如琼浆。

三十年岁月犹如弹指，一瞬而过。每每忆及，心甚感佩，常存感念。一部《河祭》，使编辑和作者成为莫逆之交。我们亦由青葱岁月渐渐步入暮年。明年我也将与鹏喜一样踏进退休者行列，我们将有更多机会相聚交流，梓山湖是一个好去处，醉而后可归可不归。

是为记。

2021年春分时节

（原载《参花》2021年第6期）

后记

自第三本散文集《白云苍狗》出版后，原本再无结集出书打算。虽仍在断断续续写些短文好玩，却并未勤勉用笔，除了懒散，亦因领到一纸退休证前已应聘到武昌理工学院任教职，每周多次往返于汉口后湖与武昌汤逊湖两端，并无多少闲暇时间。偶尔信笔涂鸦的字纸，任它随风飘零了。迄今五六年过去，随意在报刊和自媒体发表的一些率性文字，不觉也积篇成什。有过从甚密的文友便建议我再出个致仕赋闲的集子，我不为所动，认为拙文纯属自娱自乐、自话自说的消遣文字，况如今已是闲云野鹤，不必完成创作任务，更无须靠著作博取名利。但去年以来，我现在供职的学校领导和同事多次鼓励，说我所写这些虽只是个人创作，但作为汉语言文学系专职教师，也属学有所专，按规定和惯例也得有研究成果。思忖再三，从循教职行规考虑，亦为回顾检讨退休生涯、整理故纸计，便自选了这本集子。

拙著收录了我自第三本散文集之后的零碎文字，也并非一概收录，在自选自编过程中删减剔除了一部分。

第一辑以离群索居梓山湖为题，并命为书名；第二辑是梓山湖笔记之外的文字，其中有些先于笔记之前已成文；第三辑编入另类文字，一篇《放浪形骸为哪般》是将已刊行结集过的旧文重新修改扩写。另一篇《人犬》是本人继已发表的《人猴》之后，最近完成的人与动物系列之二，在公众号连载时读者解读各异。我尊重读者因不同人生感悟而产生的不同理解。目前我正在写这个系列的第三篇《人豕》，如有机会，我考虑将这个系列结集出版。

三辑各篇均在《参花》、《幸福》（文摘版）、《长江日报》、《文旅湖北》以及武汉文学院2014至2016年年度选本（长江文艺社版）或几个微信公众号先行发表过，书中不再一一注明。各路读者对拙文有赞许鼓励，有激赏，亦有批评指教，估计难免也有讥诮否定。个人认为，我是努力按照自己对文学艺术、汉语言文字的理解，坦然诚挚地行文。见仁见智，由人说去。

特此感谢听风吟女士，她自愿义务出任本人公众号编辑，搜集资料，整理文档，正好为这个集子提供了较齐全的电子文本，不然恐难顺利出版。

特别感谢策划，评价本书的李正武、谢力军先生和为本书题字的兰干武、朱建林先生。

一并感谢本书的前言作者、责任编辑和美编。

作　者

2021年立春

鹏喜著作年表

长篇小说《河祭》

《当代作家》1989年第2期全文发表，长江文艺出版社1990年出版单行本

综合文集《让我们与历史对话》（与彭建新、董宏猷合作编著）

新华出版社1993年出版

散文集《冰上猎与舞》

中国文学出版社1994年出版

长篇小说《不远的木屋国》

《当代作家》1995年第5期节选发表，武汉出版社1996年出版

长篇报告文学《龙马负图》

长江文艺出版社1999年出版

长篇小说《花会》

《中华传奇》1998年发表，《武汉晚报》1999年连载，作家出版社2000年出版

长篇小说《蚕人》

《武汉晚报》2001年连载，《胶东文学》2001年转载，作家出版社2002年出版

散文集《世象杂记》

大众文艺出版社2004年出版

长篇小说《最后诊断》（根据同名电视剧改编，与范又琪合作编著）

大众文艺出版社2004年出版

小说集《鹏喜中短篇小说》

长江出版社2005年出版

长篇报告文学《中国光纤之路》（与杨中标合著）

《芳草》2009年第12期专号发表，武汉出版社2011年出版

散文集《白云苍狗》

长江文艺出版社2014年出版

散文集《梓山湖笔记》

崇文书局2021年出版